国家电网有限公司
STATE GRID
CORPORATION OF CHINA

（2017年版）

U0662245

电网生产技术改造工程
典型造价

变电分册

国家电网有限公司运维检修部　组编

中国电力出版社
CHINA ELECTRIC POWER PRESS

内 容 提 要

本书为《电网生产技术改造工程典型造价 变电分册（2017年版）》，共分为三篇。其中，第一篇为总论，包括概述、典型造价编制工作过程、典型造价总说明；第二篇为典型方案典型造价，包括典型方案说明、典型方案主要内容、典型方案主要技术条件、典型方案概算书、典型方案电气设备材料表和典型方案工程量表；第三篇为使用说明。

本书可供电网生产技术改造项目管理相关人员、项目评审单位参考使用，也可供从事电力行业规划、设计、建设、运维等相关工作的专业技术人员学习使用。

图书在版编目（CIP）数据

电网生产技术改造工程典型造价 . 变电分册：2017年版 / 国家电网有限公司运维检修部组编 . —北京：中国电力出版社，2018.7（2018.9重印）
ISBN 978-7-5198-2161-6

Ⅰ . ①电… Ⅱ . ①国… Ⅲ . ①电网－技改工程－工程造价－中国②变电－技改工程－工程造价－中国 Ⅳ . ① F426.61

中国版本图书馆 CIP 数据核字（2018）第 136361 号

出版发行：中国电力出版社
地　　址：北京市东城区北京站西街 19 号（邮政编码 100005）
网　　址：http://www.cepp.sgcc.com.cn
责任编辑：罗翠兰（010-63412428） 肖敏
责任校对：朱丽芳
装帧设计：张俊霞
责任印制：邹树群

印　　刷：三河市万龙印装有限公司
版　　次：2018 年 7 月第一版
印　　次：2018 年 9 月北京第二次印刷
开　　本：787 毫米 ×1092 毫米　16 开本
印　　张：14.25
字　　数：297 千字
印　　数：2301—3300 册
定　　价：66.00 元

《电网生产技术改造工程典型造价 变电分册（2017 年版）》

编委会

前言

　　电网设备技术改造是落实国家电网有限公司（简称国网公司）设备全寿命周期管理要求，充分发挥设备最大利用价值，保障电网、设备安全运行，加快推进坚强智能电网建设的重要手段。近年来，随着国家电力体制改革的不断深化，对国网公司电网运营安全、质量、效率和效益的管理要求不断提升，也对生产技术改造项目精准投资、精益管理提出更高要求。

　　生产技术改造工程典型造价是国网公司规范项目管理，提高投资效益，实现精准投资的重要基础。为科学开展电网生产技术改造项目造价管理工作，国网公司运维检修部组织国网河北、重庆、山东、辽宁、江苏、陕西电力和国网技术学院等单位，依据国家最新定额标准，结合国网公司电网生产技术改造项目建设实际，在充分调研、精心比选、反复论证的基础上，历时22个月，编制完成了《电网生产技术改造工程典型造价（2017年版）》丛书（简称《2017年版典型造价》）。《2017年版典型造价》充分考虑了国网公司电网生产技术改造管理实际，以单项工程为计价单元，优化提炼出具有一定代表性的项目典型方案，依据相关设计规程规范、建设标准和现行的概预算编制依据，编制形成针对性典型造价。

　　《2017年版典型造价》共分3册，分别为《变电分册》《输配电分册》和《继电保护/自动化/通信分册》。覆盖10～500kV电压等级（330kV除外），涉及30类设备、127个典型生产技术改造项目方案，每个典型方案均包含设备范围、主要技术条件、概算书、电气设备材料和工程量等内容。

　　《2017年版典型造价》编制过程中广泛征求和综合了各方面的意见和建议，对各部分内容进行了认真调研和反复推敲、测算，在内容组织编排上进行了改进和创新，并在修改完善中迅速落实国家营改增税制改革相关要求，体现了生产技术改造工程典型造价编制的适应性、时效性、规范性，使造价标准更加科学合理、贴近工程实际，为项目规划、储备、计划、实施等各阶段管理提供参考，也为生产技术改造工程造价分析奠定了坚实基础。

因时间和编者水平关系，书中难免存在疏漏之处，敬请各位读者批评指正。

编　者

2018 年 4 月

目录

第一篇 总 论

第1章 概 述

为进一步提升电网生产技术改造工程管理水平，提高生产技术改造项目储备审查、工程设计、施工招标、结算审查效率，国家电网有限公司（简称国网公司）委托国网河北电力收集整理 2014 年 6 月～2016 年 6 月期间各类电网生产技术改造典型工程，遵循"方案典型、造价合理、编制科学"的原则，统一技术原则和工程取费标准，编制形成《电网生产技术改造工程典型造价（2017 年版）》（简称《2017 年版典型造价》）丛书，共分为变电、输配电、继电保护 / 自动化 / 通信 3 个分册。

2016 年 7 月，国网公司成立电网生产技术改造工程典型造价编制工作组，编制过程遵循"统一组织、分工明确、广泛调研、定期协调、严格把关"的原则。国家电网有限公司运维检修部（简称国网运检部）统一组织，确定编制方案和总体思路；国网河北电力牵头编制主要框架、确定工程类型和典型方案库；国网重庆、山东、辽宁、江苏、陕西电力配合编制校验、补充完善。为了保证《2017 年版典型造价》的代表性和典型性，编制过程中开展了深入和广泛的调研工作，在不同阶段充分征求华中、华北、东北、西北、华东各区域省电力公司的意见和建议，并与实际工程建设紧密结合。为了推进整体编制工作的顺利开展，国网运检部定期召开协调会与评审会，检查工作进度，统一技术原则。为保证《2017 年版典型造价》编制工作的质量与效率，对典型造价的技术条件、编制依据等关键环节严格把关，每个关键环节组织专家研讨与评审，确保典型造价最终成果的科学性、合理性。

《2017 年版典型造价》基于标准化设计，遵循"方案典型、造价合理、编制科学"的原则，统一工程取费标准，形成典型方案库：一是方案典型。通过对大量实际工程的统计、分析，结合华中、华北、东北、西北、华东各区域项目建设实际特点，合理归并、科学优化形成典型方案。二是造价合理。统一典型造价的编制原则、编制深度和编制依据，按照国网公司生产技术改造工程建设标准，综合考虑各地区工程建设实际情况，体现近年生产技术改造工程造价的综合平均水平。三是编制科学。典型造价编制工作通过分析实际工作的适应性，提出既能满足当前工程要求又有一定代表性的典型方案，依据现行的概预算编制依据，优化假设条件，使典型造价更合理、更科学。

《电网生产技术改造工程典型造价 变电分册（2017 年版）》适用于更换变压器、更换中性点装置、更换消弧线圈接地变成套装置、更换隔离开关、更换断路器、更换电流互感器、更换电压互感器、更换避雷器等电网生产技术改造工程。

本分册典型造价在推广应用中应与实际工作协调，从工程实际出发，充分考虑电网工程技术进步、国家政策等影响工程造价的各类因素，有效控制工程造价。一是应处理好与工程实际的关系。典型造价与项目实际的侧重点不同，编制原则一致、技术条件相似。因此，在应用中应充分考虑两者的异同，相互补充，合理利用。二是因地制宜，加强对影响工程造价各类费用的控制。《2017 年版典型造价》按照《电网技术改造工程预算编制与计算规定（2015 年版）》（简称《预规》）计算了每个典型方案各类费用的具体造价，对于计价依据明确的费用，在实际工程设计、评审、管理中应严格把关；对于建设场地征用及清理费用等随地区及工程差异较大、计价依据未明确的费用，应进行合理的比较、分析与控制。

第2章 典型造价编制工作过程

《2017年版典型造价》编制工作于2016年7月启动，2018年4月形成最终成果，期间召开6次研讨会，明确各阶段工作任务，对典型方案、概算编制原则和典型造价进行评审，提高典型造价科学性、正确性和合理性。具体编制过程如下：

2016年7月5日，在石家庄召开《电网生产技术改造工程典型造价（2017年版）》编制工作启动会议，会议明确了生产技术改造典型造价编制的总体思路、工作方案、编制原则，明确各阶段的工作目标。

2016年9月8日，在石家庄召开《电网生产技术改造工程典型造价（2017年版）》编制工作第一次研讨会。会议审定主要技术条件、主要内容，明确概算编制原则及设备材料价格依据。会后由国网河北省电力有限公司（简称国网河北电力）组织各编制单位集中编制各类典型造价，形成初稿。

2016年9月18日，在北京召开《电网生产技术改造工程典型造价（2017年版）》编制工作第二次研讨会，会议确定了典型造价框架格式及概算编制原则。会后国网河北电力依据相关意见，组织各编制单位集中进行完善。

2016年12月19～23日，组织专家在北京召开《电网生产技术改造工程典型造价（2017年版）》编制工作第三次研讨会。会议针对技术改造典型方案提出相关指导意见，明确了编制依据和取费原则，要求使用电网技术改造工程定额估价表2015年版，统一了造价水平。会后国网河北电力依据相关意见，组织各编制单位集中进行完善。

2017年7月10日～8月6日，组织国网辽宁电力、国网山东电力、国网江苏电力、国网陕西电力、国网重庆电力5家单位，对典型造价的工程量和定额取费征求修改意见。国网河北电力组织各编制单位梳理修改意见，形成意见讨论稿。

2017年8月7～12日，在济南召开《电网生产技术改造工程典型造价（2017年版）》第四次研讨会，分专业对工程典型方案的构成和数量、典型造价的工程量和定额计费进行讨论确认。

2017年8月28日～9月30日，组织各参编单位在石家庄召开集中修订会，根据济南研讨会的审定意见，对变电、输电、配电、继电保护、自动化、通信6个专业生产技术改造典型造价进行修改完善，完成《电网生产技术改造工程典型造价（2017年版）》。

2017年12月14日，在北京召开《电网生产技术改造工程典型造价（2017年版）》第五次研讨会，讨论典型造价汇编相关内容。会后国网河北电力依据相关意见，组织各编制单位集中进行完善。

2018年3月28日，在北京召开《电网生产技术改造工程典型造价（2017年版）》第六次研讨会。会议审查文档格式，典型方案内容、技术条件、费用水平等信息，并针对典型方案提出相关指导意见。

2018 年 3 月 29 日～4 月 16 日，在石家庄组织各参编单位召开集中修订会，根据北京审稿会意见，对《电网生产技术改造工程典型造价（2017 年版）》进行修改完善。

第3章　典型造价总说明

《2017年版典型造价》编制严格执行国家有关法律法规、《电网技术改造工程预算编制与计算规定（2015年版）》和配套定额，设备材料以2016年为价格水平基准年，结合实际工程情况，形成典型造价方案、确定典型造价编制依据。概算书的编制深度和内容符合《预规》的要求，表现形式遵循《预规》规定的表格形式、项目划分及费用性质划分原则。

3.1　典型方案形成过程

输配电工程典型方案从实际工程选取，参考河北、辽宁地区电网生产技术改造工程类型确定，典型方案形成过程如下：

（1）典型方案选择原则。根据造价水平相当的原则，兼顾应用率，进行科学、合理地归并，确保方案的典型性。

（2）典型方案选取。以河北、辽宁地区常见工程为基础，充分考虑地区差异，整理分析典型工程，按专业类型及工程规模形成主体框架。

（3）典型方案确定。根据不同地区、各电压等级电网生产技术改造工程特点，以单项工程为计价单元，优化提炼出具有一定代表性的典型方案，对于不常见、样本积累少、个体差异较大的特高压改造、直流系统改造、组合电器改造等类型暂不纳入典型方案。

（4）典型方案主要技术条件。明确典型方案的主要技术条件，确定各方案边界值、组合原则及表现形式。

（5）典型方案主要内容。明确典型方案的主要内容，确定各方案具体工作内容。

3.2　典型造价编制依据

（1）项目划分及取费执行国家能源局发布的《电网技术改造工程预算编制与计算规定（2015年版）》。

（2）定额采用《电网技术改造工程概算定额估价表（2015年版）》《电网技术改造工程预算定额估价表（2015年版）》《电网拆除工程预算定额估价表（2015年版）》《电网技术改造工程概算定额（2015年版）》《电网技术改造工程预算定额（2015年版）》《电网拆除工程预算定额（2015年版）》。

（3）措施费取费标准按北京地区（Ⅱ类地区）计取，不计列特殊地区施工增加费。

（4）定额价格水平调整执行《关于发布2015版电网技术改造和检修工程预算定额2016年下半年价格水平调整系数的通知》（定额〔2016〕52号）相关规定。人工费和材机费调整金额只计取税金，汇总计入总表"编制基准期价差"。

（5）建筑地方材料根据《北京工程造价信息》（月刊〔总第199期〕）计列。

（6）电气设备及主要材料价格统一按照《国家电网公司2016年第四季度电网工程设备材料信息价》（总十八期）计列，信息价格中未含部分，按照2016年第四季度国网公司区域工程项目招标中标平均价计列，综合材料按《电力建设工程装置性材料综合预算价格（2013年版）》计列，其中控制电缆、软导线引下线均按综合价考虑。

（7）住房公积金和社会保障费按北京标准执行，分别按12%和32.2%（含基本养老保险、失业保险、基本医疗保险、生育保险、工伤保险）计取。

（8）税金费率依据《电力工程造价与定额管理总站关于发布电力工程计价依据营业税改增值税估价表通知》（定额〔2016〕45号）计列。

（9）取费表取费基数及费率见附录A，其他费用取费基数及费率见附录B，主要电气设备、材料价格分别见附录C、附录D，建筑价格材料见附录E。

3.3 典型造价编制相关说明

典型造价编制过程中通过广泛调研，明确了各专业设计方案的主要技术条件，确定了工程造价的编制原则及依据，具体如下：

（1）各典型造价技术方案中的环境条件按北京地区典型条件考虑，各参数假定条件为地形：平原；地貌：Ⅲ类土；海拔：2000m以下；气温 −20～45℃；污秽等级：Ⅳ。

（2）建筑材料按不含税价考虑，电气设备主要材料按含税价考虑。

（3）变电站工程电气设备按供货至现场考虑，按0.7%计列卸车和保管费。

（4）设计费除计列基本设计费外，同时计列了施工图预算编制费和竣工图文件编制费，施工图预算编制若由施工队伍编制不应列入设计费中。

（5）多次进场增加费考虑综合情况，多次进场增加次数按1次进行计列。

（6）总费用中不计列基本预备费。

（7）《变电分册》典型方案库中拆除工程余土外运运距按20km考虑，设备不考虑二次运输。

（8）典型方案工程量表与典型方案电气设备材料表中序号列显示内容包含项目划分的序号、定额编码、物料编码。其中项目划分的序号、定额编码与预规及定额保持一致，物料编码与国网公司现行物料清册系统编码一致，其中国网公司现行物料清册无编码的物资属于自定义编码，如控制电缆。

（9）当更换一个间隔内的电压互感器或电流互感器时，无论更换几项，分系统调试费及启动调试费均按一个间隔计取，不作调整；更换电压互感器时，无论出线互感器还是母线互感器均按间隔数量确定分系统调试和启动调试费用；当更换多台设备时，特殊试验费应根据定额要求进行系数调整。

（10）根据预规与定额要求需对定额进行调整时，在定额序号前标"调"字，同时分别注明人材机的调整系数，其中 R 表示人工费，C 表示材料费，J 表示机械费。根据实际情况，无与实际工作内容完全一致的定额，需套用相关定额或其他定额时，在定额序号前标"参"。根据实际情况，定额中的人材机与定额子目明细不同时，套用此定额在定额序号前加"换"。

3.4 典型造价编码规则

典型方案编码含义：①　②－③
序号
工程类别
专业分类

典型方案编码规则分别见表 3-1～表 3-3。

表 3-1　　　　　专业分类编码规则（注：字母中不使用 I、O、X）

专业分类	变电	输电	配电	通信	继电保护	自动化
代码	A	B	C	D	E	F

表 3-2　　　　　　　　　　工程类别编码规则

工程类别	更换变压器	更换中性点装置	更换消弧线圈接地变成套装置	更换隔离开关
代码	1	2	3	4
工程类别	更换断路器	更换电流互感器	更换电压互感器	更换避雷器
代码	5	6	7	8

表 3-3　　　　　　　　序号编码规则

流水号	1	2	3	…	N	N+1

3.5 典型造价一览表

典型造价一览表为本册方案总览，包含方案编码、方案名称、主设备型号规格、方案规模、方案投资、单位投资，详见表 3-4。

表 3-4　　　　　　　　　变电专业典型造价一览表

方案编码	方案名称	主设备型号规格	方案规模	方案投资	单位投资
A	变电专业				
A1	更换变压器			万元	万元/台（组）
A1-1	更换 35kV 三相双绕组 10MVA 变压器	10MVA，35/10，一体	1 台	65.84	65.84

续表

方案编码	方案名称	主设备型号规格	方案规模	方案投资	单位投资
A1-2	更换 66kV 三相双绕组 40MVA 变压器	40MVA，66/10，一体	1 台	177.76	177.76
A1-3	更换 110kV 三相双绕组 50MVA 变压器	50MVA，110/10，一体	1 台	199.16	199.16
A1-4	更换 110kV 三相三绕组 50MVA 变压器	50MVA，110/35/10，一体	1 台	237.13	237.13
A1-5	更换 220kV 三相三绕组 180MVA 变压器	180MVA，220/110/35，一体	1 台	544.32	544.32
A1-6	更换 220kV 三相三绕组 240MVA 变压器	240MVA，220/110/35，一体	1 台	652.62	652.62
A1-7	更换 500kV 单相三绕组 250MVA 变压器	250MVA，500/220/35，一体	1 组	2724.57	2724.57
A2	更换中性点装置			万元	万元/套
A2-1	更换 110kV 交流中性点装置	硅橡胶，72.5kV，无绝缘子，有避雷器	1 套	4.96	4.96
A2-2	更换 220kV 交流中性点装置	硅橡胶，126kV，无绝缘子，有避雷器	1 套	6.39	6.39
A2-3	更换 500kV 交流中性点装置	硅橡胶，72kV，无绝缘子，有避雷器	1 套	27.30	27.30
A3	更换消弧线圈接地变压器成套装置			万元	万元/套
A3-1	更换消弧线圈接地变压器成套装置	AC10kV，1200kVA，干式，165A，调匝	1 套	61.60	61.60
A4	更换隔离开关			万元	万元/组
A4-1	更换 35kV 双柱水平旋转双接地隔离开关	2500A，31.5kA，手动双柱水平旋转，双接地	1 组	5.53	5.53
A4-2	更换 66kV 双柱水平旋转单接地隔离开关	1250A，31.5kA，电动双柱水平旋转，单接地	1 组	6.45	6.45
A4-3	更换 110kV 双柱水平旋转单接地隔离开关	2000A，40kA，手动双柱水平旋转，单接地	1 组	4.83	4.83
A4-4	更换 220kV 三柱水平旋转单接地隔离开关	3150A，50kA，电动三柱水平旋转，单接地	1 组	14.10	14.10
A4-5	更换 220kV 三柱水平旋转双接地隔离开关	3150A，50kA，电动三柱水平旋转，双接地	1 组	14.97	14.97
A4-6	更换 220kV 三柱水平旋转不接地隔离开关	3150A，50kA，电动三柱水平旋转，不接地	1 组	14.36	14.36
A4-7	更换 220kV 双柱水平旋转不接地隔离开关	2500A，50kA，电动双柱水平旋转，不接地	1 组	11.95	11.95

方案编码	方案名称	主设备型号规格	方案规模	方案投资	单位投资
A4-8	更换 220kV 双柱水平旋转单接地隔离开关	2500A，50kA，电动双柱水平旋转，单接地	1组	12.04	12.04
A4-9	更换 220kV 双柱水平旋转双接地隔离开关	2500A，50kA，电动双柱水平旋转，双接地	1组	14.16	14.16
A4-10	更换 220kV 单柱垂直伸缩不接地隔离开关	3150A，50kA，电动单臂垂直伸缩，不接地	1组	12.11	12.11
A4-11	更换 500kV 单柱垂直伸缩单接地隔离开关	4000A，63kA，电动单臂垂直伸缩，单接地	1组	28.68	28.68
A4-12	更换 500kV 双柱水平伸缩单接地隔离开关	4000A，63kA，电动双柱水平伸缩，单接地	1组	35.23	35.23
A5	更换断路器			万元	万元 / 台
A5-1	更换 66kV 瓷柱式 SF_6 断路器	SF_6 瓷柱式，2500A，31.5kA，三相机械联动	1台	18.27	18.27
A5-2	更换 110kV 瓷柱式 SF_6 断路器	SF_6 瓷柱式，3150A，40kA，三相机械联动	1台	24.24	24.24
A5-3	更换 220kV 瓷柱式 SF_6 断路器	SF_6 瓷柱式，4000A，50kA，分相操作	1台	41.62	41.62
A5-4	更换 500kV 瓷柱式 SF_6 断路器	SF_6 瓷柱式，4000A，63kA，分相操作	1台	111.22	111.22
A5-5	更换 500kV 罐式 SF_6 断路器	SF_6 罐式，4000A，63kA，分相操作，液压	1台	268	268
A6	更换电流互感器			万元	万元 / 台
A6-1	更换 66kV 电流互感器	油浸电磁 TA，2×300/5，0.5，5P，4，50，正立	1台	4.61	4.61
A6-2	更换 110kV 电流互感器	油浸电磁 TA，2×600/5，0.5，10P，5，40，正立	1台	4.98	4.98
A6-3	更换 220kV 电流互感器	油浸电磁 TA，2×800/5，0.5，10P，6，50，正立	1台	8.20	8.20
A6-4	更换 500kV 电流互感器	油浸电磁 TA，2×1250/1，0.5，TPY，8，10，倒立	1台	27.84	27.84
A7	更换电压互感器			万元	万元 / 台
A7-1	更换 66kV 电压互感器	电容式，AC66kV，油浸，0.02μF，4，0.5	1台	5.96	5.96
A7-2	更换 110kV 电压互感器	电容式，AC110kV，油浸，0.02μF，4，0.5	1台	5.20	5.20

方案编码	方案名称	主设备型号规格	方案规模	方案投资	单位投资
A7-3	更换 220kV 电压互感器	电容式，AC220kV，油浸，0.005μF，4，0.5	1 台	6.06	6.06
A7-4	更换 500kV 电压互感器	电容式，AC500kV，油浸，0.005μF，4，0.2	1 台	20.69	20.69
A8	更换避雷器			万元	万元／组
A8-1	更换 35kV 避雷器	AC35kV，51kV，硅橡胶，134kV，不带间隙	1 组	3.83	3.83
A8-2	更换 66kV 避雷器	AC66kV，96kV，硅橡胶，250kV，不带间隙	1 组	4.29	4.29
A8-3	更换 110kV 避雷器	AC110kV，102kV，硅橡胶，266kV，不带间隙	1 组	4.48	4.48
A8-4	更换 220kV 避雷器	AC220kV，204kV，瓷，532kV，不带间隙	1 组	5.17	5.17
A8-5	更换 500kV 避雷器	AC500kV，420kV，瓷，1046kV，不带间隙	1 组	26.13	26.13

第二篇 典型方案典型造价

第4章 更换变压器

典型方案说明

　　更换变压器典型方案共7个：按照电压等级、设备型式、容量、绕组等分为35kV～500kV（不含330kV）不同类型的典型方案。所有典型方案的工作范围只包含变压器本体，不包含变压器三侧配电装置及中性点设备，不包含相应二次设备更换。

4.1 A1-1更换35kV三相双绕组10MVA变压器

4.1.1 典型方案主要内容

本典型方案为1台变压器35kV三相双绕组10MVA（三相为1台）更换。内容包括：一次、二次设备引线拆除、安装；变压器拆除、安装；变压器基础拆除、安装；变压器调试及试验（包含绝缘油取样工程量，但不包含绝缘油试验和压力释放阀试验）；防污闪喷涂；防火封堵；接地改造。

4.1.2 典型方案主要技术条件

典型方案A1-1主要技术条件见表4-1。

表4-1　　　　　　　　　　典型方案A1-1主要技术条件

方案名称	工程主要技术条件	
更换35kV三相双绕组10MVA变压器	额定电压（kV）	35/10
	额定容量（MVA）	10
	相数	3
	绕组数	双绕组
	调压方式	有载
	系统中性点接地方式	不直接接地
	冷却方式	ONAN
	安装场所	户外
	绝缘方式	油浸

4.1.3 典型方案概算书

概算投资为总投资，编制依据按3.2要求。典型方案A1-1概算书包括总概算汇总表、安装工程专业汇总表、建筑工程专业汇总表、拆除工程专业汇总表、其他费用概算表，分别见表 4-2～表 4-6。

表 4-2　典型方案 A1-1 总概算汇总表　金额单位：万元

序号	工程或费用名称	金额	占工程总投资的比例（%）
一	建筑工程费	3.94	5.98
二	安装工程费	12.11	18.39
三	拆除工程费	2.64	4.01
四	设备购置费	40.29	61.19
五	其中：编制基准期价差	0.31	0.46
	小计	58.98	89.58
六	其他费用	6.86	10.42
七	基本预备费		
八	工程静态投资合计	65.84	100.00
九	可抵扣增值税金额		

表 4-3　典型方案 A1-1 安装工程专业汇总表　金额单位：元

序号	工程或费用名称	安装工程费			设备购置费	合计
		主要材料费	安装费	小计		
	安装工程	65323	55786	121109	402862	523971
一	主变压器系统	53348	39155	92503	402862	495365
1	主变压器	53348	39155	92503	402862	495365
1.1	变压器本体	53348	39155	92503	402862	495365
四	控制及直流系统	10000		10000		10000
1	监控或监测系统	10000		10000		10000
1.1	计算机监控系统	10000		10000		10000
六	电缆防护设施	90	128	218		218
2	电缆防火	90	128	218		218
七	全站接地	1885		1885		1885
1	接地网	1885		1885		1885
九	调试		16504	16504		16504
1	分系统调试		3094	3094		3094
2	启动调试		4482	4482		4482
3	特殊调试		8927	8927		8927
	其中：编制基准期价差		1712	1712		1712
	合计	65323	55786	121109	402862	523971

表 4-4   **典型方案 A1-1 建筑工程专业汇总表**   金额单位：元

序号	工程或费用名称	设备费	主要材料费	建筑费	建筑工程费合计
	建筑工程		16402	22984	39386
二	主变压器及配电装置建筑		16402	12984	29386
1	主变压器系统		16402	12984	29386
1.1	构支架及基础		3792	2237	6029
1.2	主变压器设备基础		11644	9527	21171
1.3	主变压器油坑及卵石		966	1220	2186
三	供水系统建筑			10000	10000
4	特殊消防系统			10000	10000
	其中：编制基准期价差		14	422	436
	合计		16402	22984	39386

表 4-5   **典型方案 A1-1 拆除工程专业汇总表**   金额单位：元

序号	工程或费用名称	拆除工程费
	拆除工程	26411
一	建筑拆除	14717
2	主变压器及配电装置建筑	14717
2.1	主变压器系统	14717
二	安装拆除	11694
1	主变压器系统	11694
1.1	主变压器	11694
	其中：编制基准期价差	903
	合计	26411

表 4-6   **典型方案 A1-1 其他费用概算表**   金额单位：元

序号	工程或费用名称	编制依据及计算说明	合价
2	项目管理费		17486
2.1	管理经费	（建筑工程费＋安装工程费）×3.5%	5617
2.2	招标费	（建筑工程费＋安装工程费＋拆除工程费）×1.85%	3458
2.3	工程监理费	（建筑工程费＋安装工程费＋拆除工程费）×4.5%	8411
3	项目技术服务费		51152
3.1	前期工作及评审费	（建筑工程费＋安装工程费）×2.75%	4414
3.2	工程勘察设计费		44938
3.2.2	设计费	设计费×100%	44938
3.3	初步设计文件评审费	基本设计费×3.5%	1333
3.4	工程结算编制审查费	（建筑工程费＋安装工程费＋拆除工程费）×0.25%	467
	小计		68638

4.1.4　典型方案电气设备材料表

典型方案 A1-1 电气设备材料表见表 4-7。

表 4-7　　　　　　　　　　典型方案 A1-1 电气设备材料表

序号	设备或材料名称	单位	数量	备注
	安装工程			
一	主变压器系统			
1	主变压器			
1.1	变压器本体			
500004766	35kV 油浸有载变压器，10000kVA，35/10，一体	台	1	
100000001	35kV 软导线引下线	组（三相）	1	
100000010	35kV 变电站控制电缆	km	0.500	
500006874	交流支柱绝缘子，AC 20kV，瓷，12.5kN，非磁性，户外	只	24	
500014823	布电线，BVR，铜，2.5，1	km	0.100	
500020875	接触金具　母线伸缩节，MS-80×8	件	6	
500020921	母线金具　矩形母线固定金具，MWP-102	件	24	
500021518	电缆保护管，钢管，ϕ150	t	0.566	
500028599	铜排，TMY，80×8	t	0.102	
500011755	绝缘涂料，PRTV	t	0.009	
500058328	绝缘套管，AC 10kV，冷缩，电缆，ϕ80	m	18	
四	控制及直流系统			
1	监控或监测系统			
1.1	计算机监控系统			
900000001	计算机监控系统扩容	项	1	
六	电缆防护设施			
2	电缆防火			
500011727	防火涂料	t	0.003	
500011738	防火堵料	t	0.006	
七	全站接地			
1	接地网			
500011000	扁钢，60mm，8mm，Q235-A	t	0.377	

4.1.5　典型方案工程量表

典型方案 A1-1 工程量见表 4-8。

表 4-8 典型方案 A1-1 工程量表

序号	项目名称	单位	数量	备注
	建筑工程			
二	主变压器及配电装置建筑			
1	主变压器系统			
1.1	构支架及基础			
GJ2-8	独立基础 钢筋混凝土基础	m³	2	
GJ7-11	普通钢筋	t	0.205	
GJ9-18	不含土方、基础、支架 钢管设备支架	t	0.250	
	地脚螺栓	t	0.045	
1.2	主变压器设备基础			
GJ2-10	设备基础 变压器基础	m³	21	
GJ7-11	普通钢筋	t	1.077	
1.3	主变压器油坑及卵石			
YJ8-12	地面垫层 油池铺填卵石	m³	6.800	
三	供水系统建筑			
4	特殊消防系统			
	灭火器冲氮系统	项	1	按 10000 元计列
	安装工程			
一	主变压器系统			
1	主变压器			
1.1	变压器本体			
调 GQ1-24 R × 1.03 C × 1.03 J × 1.03	35kV 油浸式变压器安装 三相 容量（kVA 以下）16000	台	1	
GQ3-1	支持绝缘子安装 额定电压（kV）20	个	24	
调 GQ3-38 R × 1.4 C × 1.4 J × 1.4	矩形母线安装 截面（mm²）800	m	18	
GQ6-3	全站电缆敷设 控制电缆 全站	100m	5	
JQ5-94	低压电器设备安装 控制器	个	1	
六	电缆防护设施			
2	电缆防火			
GQ6-10	电缆防火安装 防火堵料	t	0.006	
GQ6-11	电缆防火安装 防火涂料	t	0.003	
九	调试			

续表

序号	项目名称	单位	数量	备注
1	分系统调试			
调 JS1-8 R × 0.3 C × 0.3 J × 0.3	三相电力变压器（容量）20000kVA	系统	1	
2	启动调试			
JS2-2	变压器试运 35kV	系统	1	
3	特殊调试			
JS3-86	绝缘油试验　瓶取样	样	11	
JS3-111	气体继电器校验	只	2	
JS3-116	相关温度计校验　热电阻温度计	只	2	
	拆除工程			
一	建筑拆除			
2	主变压器及配电装置建筑			
2.1	主变压器系统			
调 GJ1-6 R × 20 C × 20 J × 20	机械施工土方　土方运距　每增加 1km	m³	46	
YJ21-9	拆除钢筋混凝土　基础	m³	2	
YJ21-9	拆除钢筋混凝土　基础 - 变压器	m³	21	
YJ21-35	拆除钢构支架	t	0.250	
二	安装拆除			
1	主变压器系统			
1.1	主变压器			
CQ1-12	35kV 变压器拆除　三相　容量（kVA 以下）16000	台	1	
CQ1-134	放注油	t	7.500	
CQ3-10	户外支持绝缘子拆除　额定电压（kV 以下）220	柱	24	
CQ3-34	引下线、跳线及设备连引线拆除 35～220kV（截面 mm² 以下）600	组 / 三相	1	
CQ3-46	每相一片矩形铝母线拆除（截面 mm² 以下）1250	m	18	
CQ6-22	电缆拆除 截面积（mm² 以内）10	100m	5	

4.2　A1-2 更换 66kV 三相双绕组 40MVA 变压器

4.2.1　典型方案主要内容

本典型方案为 1 台 66kV 三相双绕组 40MVA 变压器（三相为 1 台）更换。内容包括：

一次、二次设备引线拆除、安装；变压器拆除、安装；变压器基础拆除、安装；变压器调试及试验（包含绝缘油取样工程量，但不包含绝缘油试验和压力释放阀试验）；防污闪喷涂；防火封堵；接地改造。

4.2.2 典型方案主要技术条件

典型方案 A1-2 主要技术条件见表 4-9。

表 4-9　　　　　　　　　　典型方案 A1-2 主要技术条件

方案名称	工程主要技术条件	
更换 66kV 三相 双绕组 40MVA 变压器	额定电压（kV）	66/10
	额定容量（MVA）	40
	相数	3
	绕组数	双绕组
	调压方式	有载
	系统中性点接地方式	不直接接地
	冷却方式	ONAN
	安装场所	户外
	绝缘方式	油浸

4.2.3 典型方案概算书

概算投资为总投资，编制依据按 3.2 要求。典型方案 A1-2 概算书包括总概算汇总表、安装工程专业汇总表、建筑工程专业汇总表、拆除工程专业汇总表、其他费用概算表，分别见表 4-10～表 4-14。

表 4-10　　　　　　　　典型方案 A1-2 总概算汇总表　　　　　　金额单位：万元

序号	工程或费用名称	金额	占工程总投资的比例（%）
一	建筑工程费	5.38	3.03
二	安装工程费	18.76	10.55
三	拆除工程费	3.52	1.98
四	设备购置费	134.77	75.82
五	其中：编制基准期价差	0.47	0.27
	小计	162.44	91.38
六	其他费用	15.33	8.62
七	基本预备费		
八	工程静态投资合计	177.76	100.00
九	可抵扣增值税金额		

表 4-11　　　　　　　　　　　典型方案 A1-2 安装工程专业汇总表　　　　　　金额单位：元

序号	工程或费用名称	安装工程费			设备购置费	合计
		主要材料费	安装费	小计		
	安装工程	80606	107002	187607	1347737	1535345
一	主变压器系统	68631	66541	135172	1347737	1482910
1	主变压器	68631	66541	135172	1347737	1482910
1.1	变压器本体	68631	66541	135172	1347737	1482910
四	控制及直流系统	10000		10000		10000
1	监控或监测系统	10000		10000		10000
1.1	计算机监控系统	10000		10000		10000
六	电缆防护设施	90	128	218		218
2	电缆防火	90	128	218		218
七	全站接地	1885		1885		1885
1	接地网	1885		1885		1885
九	调试		40332	40332		40332
1	分系统调试		3542	3542		3542
2	启动调试		6475	6475		6475
3	特殊调试		30316	30316		30316
	其中：编制基准期价差		2894	2894		2894
	合计	80606	107002	187607	1347737	1535345

表 4-12　　　　　　　　　　　典型方案 A1-2 建筑工程专业汇总表　　　　　　金额单位：元

序号	工程或费用名称	设备费	主要材料费	建筑费	建筑工程费合计
	建筑工程		25021	28822	53843
二	主变压器及配电装置建筑		25021	18822	43843
1	主变压器系统		25021	18822	43843
1.1	构支架及基础		3951	2357	6307
1.2	主变压器设备基础		20104	15245	35349
1.3	主变压器油坑及卵石		966	1220	2186
三	供水系统建筑			10000	10000
4	特殊消防系统			10000	10000
	其中：编制基准期价差		18	610	628
	合计		25021	28822	53843

表 4-13　　　　　　　　　　　典型方案 A1-2 拆除工程专业汇总表　　　　　　金额单位：元

序号	工程或费用名称	拆除工程费
	拆除工程	35167
一	建筑拆除	16994

续表

序号	工程或费用名称	拆除工程费
2	主变压器及配电装置建筑	16994
2.1	主变压器系统	16994
二	安装拆除	18173
1	主变压器系统	18173
1.1	主变压器	18173
	其中：编制基准期价差	1211
	合计	35167

表 4-14   **典型方案 A1-2 其他费用概算表**   金额单位：元

序号	工程或费用名称	编制依据及计算说明	合价
2	项目管理费		26016
2.1	管理经费	（建筑工程费＋安装工程费）×3.5%	8451
2.2	招标费	（建筑工程费＋安装工程费＋拆除工程费）×1.85%	5117
2.3	工程监理费	（建筑工程费＋安装工程费＋拆除工程费）×4.5%	12448
3	项目技术服务费		127238
3.1	前期工作及评审费	（建筑工程费＋安装工程费）×2.75%	6640
3.2	工程勘察设计费		116452
3.2.2	设计费	设计费×100%	116452
3.3	初步设计文件评审费	基本设计费×3.5%	3454
3.4	工程结算编制审查费	（建筑工程费＋安装工程费＋拆除工程费）×0.25%	692
	小计		153254

4.2.4 典型方案电气设备材料表

典型方案 A1-2 电气设备材料表见表 4-15。

表 4-15   **典型方案 A1-2 电气设备材料表**

序号	设备或材料名称	单位	数量	备注
	安装工程			
一	主变压器系统			
1	主变压器			
1.1	变压器本体			
500031223	66kV 油浸有载变压器，40MVA，66/10，一体	台	1	
100000002	110kV 软导线引下线	组（三相）	1	
100000011	66kV 变电站控制电缆	km	1.200	
500006874	交流支柱绝缘子，AC20kV，瓷，12.5kN，非磁性，户外	只	24	
500014823	布电线，BVR，铜，2.5，1	km	0.100	

续表

序号	设备或材料名称	单位	数量	备注
500020886	接触金具　母线伸缩节，MST-100×10	件	6	
500020925	母线金具　矩形母线固定金具，MWP-204	件	24	
500021518	电缆保护管，钢管，ϕ150	t	0.566	
500028599	铜排，TMY，80×8	t	0.102	
500011755	绝缘涂料，PRTV	t	0.015	
500058328	绝缘套管，AC10kV，冷缩，电缆，ϕ80	m	36	
四	控制及直流系统			
1	监控或监测系统			
1.1	计算机监控系统			
900000001	计算机监控系统扩容	项	1	
六	电缆防护设施			
2	电缆防火			
500011727	防火涂料	t	0.003	
500011738	防火堵料	t	0.006	
七	全站接地			
1	接地网			
500011000	扁钢，60mm，8mm，Q235-A	t	0.377	

4.2.5　典型方案工程量表

典型方案 A1-2 工程量见表 4-16。

表 4-16　　　　　典型方案 A1-2 工程量表

序号	项目名称	单位	数量	备注
	建筑工程			
二	主变压器及配电装置建筑			
1	主变压器系统			
1.1	构支架及基础			
GJ2-8	独立基础　钢筋混凝土基础	m³	2.200	
GJ7-11	普通钢筋	t	0.224	
GJ9-18	不含土方、基础、支架　钢管设备支架	t	0.250	
	地脚螺栓	t	0.045	
1.2	主变压器设备基础			
GJ2-10	设备基础　变压器基础	m³	26.400	
GJ7-11	普通钢筋	t	2.708	
1.3	主变压器油坑及卵石			

续表

序号	项目名称	单位	数量	备注
YJ8-12	地面垫层 油池铺填卵石	m³	6.800	
三	供水系统建筑			
4	特殊消防系统			
	灭火器冲氮系统	项	1	按10000元计列
	安装工程			
一	主变压器系统			
1	主变压器			
1.1	变压器本体			
调GQ1-30 R×0.91 C×0.91 J×0.91	110kV双绕组变压器安装 三相 容量（kVA以下）50000	台	1	
GQ3-1	支持绝缘子安装 额定电压（kV）20	个	24	
调GQ3-40 R×1.4 C×1.4 J×1.4	矩形母线安装 截面（mm²）1250	m	18	
GQ6-3	全站电缆敷设 控制电缆 全站	100m	12	
JQ5-94	低压电器设备安装 控制器	个	1	
六	电缆防护设施			
2	电缆防火			
GQ6-10	电缆防火安装 防火堵料	t	0.006	
GQ6-11	电缆防火安装 防火涂料	t	0.003	
九	调试			
1	分系统调试			
调JS1-9 R×0.3 C×0.3 J×0.3	三相电力变压器（容量）40000kVA	系统	1	
2	启动调试			
调JS2-3 R×0.88 C×0.88 J×0.88	变压器试运 110kV	系统	1	
3	特殊调试			

续表

序号	项目名称	单位	数量	备注
调 JS3-1 R×0.88 C×0.88 J×0.88	变压器长时间感应耐压及局部放电试验 110kV	台（三相）	1	
调 JS3-13 R×0.88 C×0.88 J×0.88	变压器绕组频率响应特性测量（绕组变形试验）110kV	台（三相）	1	
JS3-86	绝缘油试验 瓶取样	样	11	
JS3-87	绝缘油试验 注射器取样	样	4	
JS3-111	气体继电器校验	只	2	
JS3-114	相关温度计校验 绕组温度计	只	1	
JS3-116	相关温度计校验 热电阻温度计	只	2	
	拆除工程			
一	建筑拆除			
2	主变压器及配电装置建筑			
2.1	主变压器系统			
调 GJ1-6 R×20 C×20 J×20	机械施工土方 土方运距 每增加 1km	m³	53.200	
YJ21-9	拆除钢筋混凝土 基础	m³	26.600	
YJ21-35	拆除钢构支架	t	0.250	
二	安装拆除			
1	主变压器系统			
1.1	主变压器			
调 CQ1-18 R×0.88 C×0.88 J×0.88	110kV 双绕组变压器拆除 三相 容量（kVA 以下）50000	台	1	
CQ1-134	放注油	t	10	
CQ3-10	户外支持绝缘子拆除 额定电压（kV 以下）220	柱	24	
CQ3-34	引下线、跳线及设备连引线拆除 35～220kV（截面 mm² 以下）600	组/三相	1	
CQ3-47	每相多片矩形铝母线拆除 每相二片（截面 mm²）1250	m	18	
CQ6-22	电缆拆除 截面积（mm² 以内）10	100m	12	

4.3　A1-3 更换 110kV 三相双绕组 50MVA 变压器

4.3.1　典型方案主要内容

本典型方案为 1 台 110kV 三相双绕组 50MVA 变压器（三相为 1 台）更换。内容包括：一次、二次设备引线拆除、安装；变压器拆除、安装；变压器基础拆除、安装；变压器在线监测装置拆除、安装；变压器调试及试验（包含绝缘油取样工程量，但不包含绝缘油试验和压力释放阀试验）；防污闪喷涂；防火封堵；接地改造。

4.3.2　典型方案主要技术条件

典型方案 A1-3 主要技术条件见表 4-17。

表 4-17　　　　　　　　　　　典型方案 A1-3 主要技术条件

方案名称	工程主要技术条件	
更换 110kV 三相 双绕组 50MVA 变压器	额定电压（kV）	110/10
	额定容量（MVA）	50
	相数	3
	绕组数	双绕组
	调压方式	有载
	系统中性点接地方式	不直接接地
	冷却方式	ONAN
	安装场所	户外
	绝缘方式	油浸

4.3.3　典型方案概算书

概算投资为总投资，编制依据按 3.2 要求。典型方案 A1-3 概算书包括总概算汇总表、安装工程专业汇总表、建筑工程专业汇总表、拆除工程专业汇总表、其他费用概算表，分别见表 4-18～表 4-22。

表 4-18　　　　　　　　　　典型方案 A1-3 总概算汇总表　　　　　　　　　金额单位：万元

序号	工程或费用名称	金额	占工程总投资的比例（%）
一	建筑工程费	4.48	2.25
二	安装工程费	18.73	9.40
三	拆除工程费	3.84	1.93
四	设备购置费	155.60	78.13
五	其中：编制基准期价差	0.50	0.25
	小计	182.65	91.71
六	其他费用	16.51	8.29

续表

序号	工程或费用名称	金额	占工程总投资的比例（%）
七	基本预备费		
八	工程静态投资合计	199.16	100.00
九	可抵扣增值税金额		

表 4-19　　　　　**典型方案 A1-3 安装工程专业汇总表**　　　　金额单位：元

序号	工程或费用名称	安装工程费			设备购置费	合计
		主要材料费	安装费	小计		
	安装工程	70933	116354	187287	1555964	1743251
一	主变压器系统	58958	71750	130708	1555964	1686672
1	主变压器	58958	71750	130708	1555964	1686672
1.1	变压器本体	58958	71750	130708	1555964	1686672
四	控制及直流系统	10000		10000		10000
1	监控或监测系统	10000		10000		10000
1.1	计算机监控系统	10000		10000		10000
六	电缆防护设施	90	128	218		218
2	电缆防火	90	128	218		218
七	全站接地	1885		1885		1885
1	接地网	1885		1885		1885
九	调试		44477	44477		44477
1	分系统调试		4292	4292		4292
2	启动调试		7358	7358		7358
3	特殊调试		32826	32826		32826
	其中：编制基准期价差		3125	3125		3125
	合计	70933	116354	187287	1555964	1743251

表 4-20　　　　　**典型方案 A1-3 建筑工程专业汇总表**　　　　金额单位：元

序号	工程或费用名称	设备费	主要材料费	建筑费	建筑工程费合计
	建筑工程		19397	25434	44831
二	主变压器及配电装置建筑		19397	15434	34831
1	主变压器系统		19397	15434	34831
1.1	构支架及基础		3792	2237	6029
1.2	主变压器设备基础		14639	11976	26615
1.3	主变压器油坑及卵石		966	1220	2186
三	供水系统建筑			10000	10000
4	特殊消防系统			10000	10000
	其中：编制基准期价差		18	502	520
	合计		19397	25434	44831

表 4-21   **典型方案 A1-3 拆除工程专业汇总表**   金额单位：元

序号	工程或费用名称	拆除工程费
	拆除工程	38436
一	建筑拆除	18132
2	主变压器及配电装置建筑	18132
2.1	主变压器系统	18132
二	安装拆除	20303
1	主变压器系统	20303
1.1	主变压器	20303
	其中：编制基准期价差	1317
	合计	38436

表 4-22   **典型方案 A1-3 其他费用概算表**   金额单位：元

序号	工程或费用名称	编制依据及计算说明	合价
2	项目管理费		25304
2.1	管理经费	（建筑工程费＋安装工程费）×3.5%	8124
2.2	招标费	（建筑工程费＋安装工程费＋拆除工程费）×1.85%	5005
2.3	工程监理费	（建筑工程费＋安装工程费＋拆除工程费）×4.5%	12175
3	项目技术服务费		139801
3.1	前期工作及评审费	（建筑工程费＋安装工程费）×2.75%	6383
3.2	工程勘察设计费		128917
3.2.2	设计费	设计费×100%	128917
3.3	初步设计文件评审费	基本设计费×3.5%	3824
3.4	工程结算编制审查费	（建筑工程费＋安装工程费＋拆除工程费）×0.25%	676
	小计		165105

4.3.4　典型方案电气设备材料表

典型方案 A1-3 电气设备材料表见表 4-23。

表 4-23   **典型方案 A1-3 电气设备材料表**

序号	设备或材料名称	单位	数量	备注
	安装工程			
一	主变压器系统			
1	主变压器			
1.1	变压器本体			
500001164	110kV 油浸有载变压器，50MVA，110/10，一体	台	1	
100000002	110kV 软导线引下线	组（三相）	1	
100000012	110kV 变电站控制电缆	km	1.200	

序号	设备或材料名称	单位	数量	备注
500006874	交流支柱绝缘子，AC20kV，瓷，12.5kN，非磁性，户外	只	12	
500014823	布电线，BVR，铜，2.5，1	km	0.100	
500020866	接触金具 母线伸缩节，MS-100×10	件	12	
500020925	母线金具 矩形母线固定金具，MWP-204	件	12	
500021518	电缆保护管，钢管，ϕ150	t	0.566	
500026831	铜排，TMY，100×10	t	0.320	
500011755	绝缘涂料，PRTV	t	0.018	
500063634	绝缘套管，AC 10kV，冷缩，电缆，ϕ100	m	36	
四	控制及直流系统			
1	监控或监测系统			
1.1	计算机监控系统			
900000001	计算机监控系统扩容	项	1	
六	电缆防护设施			
2	电缆防火			
500011727	防火涂料	t	0.003	
500011738	防火堵料	t	0.006	
七	全站接地			
1	接地网			
500011000	扁钢，60mm，8mm，Q235-A	t	0.377	

4.3.5 典型方案工程量表

典型方案 A1-3 工程量见表 4-24。

表 4-24　　　　　　　　　**典型方案 A1-3 工程量表**

序号	项目名称	单位	数量	备注
	建筑工程			
二	主变压器及配电装置建筑			
1	主变压器系统			
1.1	构支架及基础			
GJ2-8	独立基础 钢筋混凝土基础	m^3	2	
GJ7-11	普通钢筋	t	0.205	
GJ9-18	不含土方、基础、支架 钢管设备支架	t	0.250	
	地脚螺栓	t	0.045	
1.2	主变压器设备基础			
GJ2-10	设备基础 变压器基础	m^3	26.400	

续表

序号	项目名称	单位	数量	备注
GJ7-11	普通钢筋	t	1.354	
1.3	主变压器油坑及卵石			
YJ8-12	地面垫层 油池铺填卵石	m³	6.800	
三	供水系统建筑			
4	特殊消防系统			
	灭火器冲氮系统	项	1	按10000元计列
	安装工程			
一	主变压器系统			
1	主变压器			
1.1	变压器本体			
调GQ1-30 R×1.03 C×1.03 J×1.03	110kV双绕组变压器安装 三相 容量（kVA以下）50000	台	1	
GQ3-1	支持绝缘子安装 额定电压（kV）20	个	12	
调GQ3-39 R×2.2 C×2.2 J×2.2	矩形母线安装 截面（mm²）1000	m	18	
GQ6-3	全站电缆敷设 控制电缆 全站	100m	12	
JQ5-94	低压电器设备安装 控制器	个	1	
六	电缆防护设施			
2	电缆防火			
GQ6-10	电缆防火安装 防火堵料	t	0.006	
GQ6-11	电缆防火安装 防火涂料	t	0.003	
九	调试			
1	分系统调试			
调JS1-10 R×0.3 C×0.3 J×0.3	三相电力变压器（容量）63000kVA	系统	1	
2	启动调试			
JS2-3	变压器试运 110kV	系统	1	
3	特殊调试			
JS3-1	变压器长时间感应耐压及局部放电试验 110kV	台（三相）	1	
JS3-13	变压器绕组频率响应特性测量（绕组变形试验）110kV	台（三相）	1	

续表

序号	项目名称	单位	数量	备注
JS3-86	绝缘油试验　瓶取样	样	11	
JS3-87	绝缘油试验　注射器取样	样	4	
JS3-111	气体继电器校验	只	2	
JS3-114	相关温度计校验　绕组温度计	只	1	
JS3-116	相关温度计校验　热电阻温度计	只	2	
	拆除工程			
一	建筑拆除			
2	主变压器及配电装置建筑			
2.1	主变压器系统			
调 GJ1-6 R×20 C×20 J×20	机械施工土方　土方运距　每增加 1km	m³	56.8	
YJ21-9	拆除钢筋混凝土　基础	m³	2	
YJ21-9	拆除钢筋混凝土　基础　变压器	m³	26.400	
YJ21-35	拆除钢构支架	t	0.250	
二	安装拆除			
1	主变压器系统			
1.1	主变压器			
CQ1-18	110kV 双绕组变压器拆除　三相　容量（kVA 以下）50000	台	1	
CQ1-134	放注油	t	19.800	
CQ3-10	户外支持绝缘子拆除　额定电压（kV 以下）220	柱	12	
CQ3-34	引下线、跳线及设备连引线拆除 35～220kV（截面 mm² 以下）600	组/三相	1	
CQ3-47	每相多片矩形铝母线拆除　每相二片（截面 mm²）1250	m	18	
CQ6-22	电缆拆除　截面积（mm² 以内）10	100m	12	

4.4　A1-4 更换 110kV 三相三绕组 50MVA 变压器

4.4.1　典型方案主要内容

本典型方案为 1 台 110kV 三相三绕组 50MVA 变压器（三相为 1 台）更换。内容包括：一次、二次设备引线拆除、安装；变压器拆除、安装；变压器基础拆除、安装；变压器在线监测装置拆除、安装；变压器调试及试验（包含绝缘油取样工程量，但不包含绝缘油试验和压力释放阀试验）；防污闪喷涂；防火封堵；接地改造。

4.4.2 典型方案主要技术条件

典型方案 A1-4 主要技术条件见表 4-25。

表 4-25 　　　　　　　　　　典型方案 A1-4 主要技术条件

方案名称	工程主要技术条件	
更换 110kV 三相 三绕组 50MVA 变压器	额定电压（kV）	110/35/10
	额定容量（MVA）	50
	相数	3
	绕组数	三绕组
	调压方式	有载
	系统中性点接地方式	不直接接地
	冷却方式	ONAN
	安装场所	户外
	绝缘方式	油浸

4.4.3 典型方案概算书

概算投资为总投资，编制依据按 3.2 要求。典型方案 A1-4 概算书包括总概算汇总表、安装工程专业汇总表、建筑工程专业汇总表、拆除工程专业汇总表、其他费用概算表，分别见表 4-26～表 4-30。

表 4-26 　　　　　　　　　典型方案 A1-4 总概算汇总表 　　　　　　金额单位：万元

序号	工程或费用名称	金额	占工程总投资的比例（%）
一	建筑工程费	4.91	2.07
二	安装工程费	22.65	9.55
三	拆除工程费	4.52	1.91
四	设备购置费	185.81	78.36
五	其中：编制基准期价差	0.59	0.25
	小计	217.89	91.89
六	其他费用	19.24	8.11
七	基本预备费		
八	工程静态投资合计	237.13	100.00
九	可抵扣增值税金额		

表 4-27 　　　　　　　　　典型方案 A1-4 安装工程专业汇总表 　　　　　　金额单位：元

序号	工程或费用名称	安装工程费			设备购置费	合计
		主要材料费	安装费	小计		
	安装工程	80301	146156	226457	1858088	2084545
一	主变压器系统	68326	97219	165544	1858088	2023633

29

续表

序号	工程或费用名称	安装工程费			设备购置费	合计
		主要材料费	安装费	小计		
1	主变压器	68326	97219	165544	1858088	2023633
1.1	变压器本体	68326	97219	165544	1858088	2023633
四	控制及直流系统	10000		10000		10000
1	监控或监测系统	10000		10000		10000
1.1	计算机监控系统	10000		10000		10000
六	电缆防护设施	90	128	218		218
2	电缆防火	90	128	218		218
七	全站接地	1885		1885		1885
1	接地网	1885		1885		1885
九	调试		48810	48810		48810
1	分系统调试		7154	7154		7154
2	启动调试		8830	8830		8830
3	特殊调试		32826	32826		32826
	其中：编制基准期价差		3830	3830		3830
	合计	80301	146156	226457	1858088	2084545

表 4-28　　　　　　　　　　　典型方案 A1-4 建筑工程专业汇总表　　　　　　金额单位：元

序号	工程或费用名称	设备费	主要材料费	建筑费	建筑工程费合计
	建筑工程		21677	27426	49103
二	主变压器及配电装置建筑		21677	17426	39103
1	主变压器系统		21677	17426	39103
1.1	构支架及基础		3792	2237	6029
1.2	主变压器设备基础		16635	13610	30244
1.3	主变压器油坑及卵石		1250	1579	2829
三	供水系统建筑			10000	10000
4	特殊消防系统			10000	10000
	其中：编制基准期价差		20	569	589
	合计		21677	27426	49103

表 4-29　　　　　　　　　　　典型方案 A1-4 拆除工程专业汇总表　　　　　　金额单位：元

序号	工程或费用名称	拆除工程费
	拆除工程	45239
一	建筑拆除	20409
2	主变压器及配电装置建筑	20409
2.1	主变压器系统	20409

续表

序号	工程或费用名称	拆除工程费
二	安装拆除	24830
1	主变压器系统	24830
1.1	主变压器	24830
	其中：编制基准期价差	1496
	合计	45239

表 4-30　　　　　　　　　　　典型方案 A1-4 其他费用概算表　　　　　　　金额单位：元

序号	工程或费用名称	编制依据及计算说明	合价
2	项目管理费		30015
2.1	管理经费	（建筑工程费＋安装工程费）×3.5%	9645
2.2	招标费	（建筑工程费＋安装工程费＋拆除工程费）×1.85%	5935
2.3	工程监理费	（建筑工程费＋安装工程费＋拆除工程费）×4.5%	14436
3	项目技术服务费		162367
3.1	前期工作及评审费	（建筑工程费＋安装工程费）×2.75%	7578
3.2	工程勘察设计费		149552
3.2.2	设计费	设计费×100%	149552
3.3	初步设计文件评审费	基本设计费×3.5%	4436
3.4	工程结算编制审查费	（建筑工程费＋安装工程费＋拆除工程费）×0.25%	802
	小计		192383

4.4.4　典型方案电气设备材料表

典型方案 A1-4 电气设备材料表见表 4-31。

表 4-31　　　　　　　　　　　　典型方案 A1-4 电气设备材料表

序号	设备或材料名称	单位	数量	备注
	安装工程			
一	主变压器系统			
1	主变压器			
1.1	变压器本体			
500001148	110kV 油浸有载变压器，50MVA，110/35/10，一体	台	1	
100000002	110kV 软导线引下线	组（三相）	1	
100000012	110kV 变电站控制电缆	km	1.2	
500006874	交流支柱绝缘子，AC20kV，瓷，12.5kN，非磁性，户外	只	12	
500014823	布电线，BVR，铜，2.5，1	km	0.1	
500020866	接触金具　母线伸缩节，MS-100×10	件	12	
500020875	接触金具　母线伸缩节，MS-80×8	件	6	

续表

序号	设备或材料名称	单位	数量	备注
500020921	母线金具 矩形母线固定金具，MWP-102	件	12	
500020925	母线金具 矩形母线固定金具，MWP-204	件	12	
500021518	电缆保护管，钢管，$\phi\,150$	t	0.566	
500026831	铜排，TMY，100×10	t	0.320	
500028599	铜排，TMY，80×8	t	0.102	
500011755	绝缘涂料，PRTV	t	0.018	
500058328	绝缘套管，AC 10kV，冷缩，电缆，$\phi\,80$	m	18	
500063634	绝缘套管，AC 10kV，冷缩，电缆，$\phi\,100$	m	36	
四	控制及直流系统			
1	监控或监测系统			
1.1	计算机监控系统			
900000001	计算机监控系统扩容	项	1	
六	电缆防护设施			
2	电缆防火			
500011727	防火涂料	t	0.003	
500011738	防火堵料	t	0.006	
七	全站接地			
1	接地网			
500011000	扁钢，60mm，8mm，Q235-A	t	0.377	

4.4.5 典型方案工程量表

典型方案 A1-4 工程量见表 4-32。

表 4-32　　　　　　　　　　　**典型方案 A1-4 工程量表**

序号	项目名称	单位	数量	备注
	建筑工程			
二	主变压器及配电装置建筑			
1	主变压器系统			
1.1	构支架及基础			
GJ2-8	独立基础 钢筋混凝土基础	m³	2	
GJ7-11	普通钢筋	t	0.205	
GJ9-18	不含土方、基础、支架 钢管设备支架	t	0.250	
	地脚螺栓	t	0.045	
1.2	主变压器设备基础			
GJ2-10	设备基础 变压器基础	m³	30	

续表

序号	项目名称	单位	数量	备注
GJ7-11	普通钢筋	t	1.538	
1.3	主变压器油坑及卵石			
YJ8-12	地面垫层 油池铺填卵石	m³	8.800	
三	供水系统建筑			
4	特殊消防系统			
	灭火器充氮系统	项	1	按10000元计列
	安装工程			
一	主变压器系统			
1	主变压器			
1.1	变压器本体			
调GQ1-37 R×1.03 C×1.03 J×1.03	110kV三绕组变压器安装 三相 容量（kVA以下） 50000	台	1	
GQ3-1	支持绝缘子安装 额定电压（kV）20	个	12	
调GQ3-38 R×1.4 C×1.4 J×1.4	矩形母线安装 截面（mm²）800	m	18	
调GQ3-39 R×2.2 C×2.2 J×2.2	矩形母线安装 截面（mm²）1000	m	18	
GQ6-3	全站电缆敷设 控制电缆 全站	100m	12	
JQ5-94	低压电器设备安装 控制器	个	1	
六	电缆防护设施			
2	电缆防火			
GQ6-10	电缆防火安装 防火堵料	t	0.006	
GQ6-11	电缆防火安装 防火涂料	t	0.003	
九	调试			
1	分系统调试			
调JS1-10 R×0.5 C×0.5 J×0.5	三相电力变压器（容量）63000kVA	系统	1	
2	启动调试			

续表

序号	项目名称	单位	数量	备注
调 JS2-3 R×1.2 C×1.2 J×1.2	变压器试运 110kV	系统	1	
3	特殊调试			
JS3-1	变压器长时间感应耐压及局部放电试验 110kV	台（三相）	1	
JS3-13	变压器绕组频率响应特性测量（绕组变形试验）110kV	台（三相）	1	
JS3-86	绝缘油试验 瓶取样	样	11	
JS3-87	绝缘油试验 注射器取样	样	4	
JS3-111	气体继电器校验	只	2	
JS3-114	相关温度计校验 绕组温度计	只	1	
JS3-116	相关温度计校验 热电阻温度计	只	2	
	拆除工程			
一	建筑拆除			
2	主变压器及配电装置建筑			
2.1	主变压器系统			
调 GJ1-6 R×20 C×20 J×20	机械施工土方 土方运距 每增加 1km	m³	64	
YJ21-9	拆除钢筋混凝土 基础	m³	2	
YJ21-9	拆除钢筋混凝土 基础 变压器	m³	30	
YJ21-35	拆除钢构支架	t	0.250	
二	安装拆除			
1	主变压器系统			
1.1	主变压器			
CQ1-25	110kV 三绕组变压器拆除 三相 容量（kVA 以下）50000	台	1	
CQ1-134	放注油	t	19.800	
CQ3-10	户外支持绝缘子拆除 额定电压（kV 以下）220	柱	12	
CQ3-34	引下线、跳线及设备连引线拆除 35～220kV（截面 mm² 以下）600	组／三相	1	
CQ3-46	每相一片矩形铝母线拆除（截面 mm² 以下）1250	m	18	
CQ3-47	每相多片矩形铝母线拆除 每相二片（截面 mm²）1250	m	18	
CQ6-22	电缆拆除 截面积（mm² 以内）10	100m	12	

4.5　A1-5 更换 220kV 三相三绕组 180MVA 变压器

4.5.1　典型方案主要内容

本典型方案为 1 台 220kV 三相三绕组 180MVA 变压器（三相为 1 台）更换。内容包括：一次、二次设备引线拆除、安装；变压器拆除、安装；变压器基础拆除、安装；变压器在线监测装置拆除、安装；消防装置拆除、安装；变压器调试及试验（包含绝缘油取样工程量，但不包含绝缘油试验和压力释放阀试验）；防污闪喷涂；防火封堵；接地改造。

4.5.2　典型方案主要技术条件

典型方案 A1-5 主要技术条件见表 4-33。

表 4-33　　　　　　　　　　　典型方案 A1-5 主要技术条件

方案名称	工程主要技术条件	
更换 220kV 三相 三绕组 180MVA 变压器	额定电压（kV）	220/110/35
	额定容量（MVA）	180
	相数	3
	绕组数	三绕组
	调压方式	有载
	系统中性点接地方式	不直接接地
	冷却方式	ONAN
	安装场所	户外
	绝缘方式	油浸

4.5.3　典型方案概算书

概算投资为总投资，编制依据按 3.2 要求。典型方案 A1-5 概算书包括总概算汇总表、安装工程专业汇总表、建筑工程专业汇总表、拆除工程专业汇总表、其他费用概算表，分别见表 4-34～表 4-38。

表 4-34　　　　　　　　　　典型方案 A1-5 总概算汇总表　　　　　　金额单位：万元

序号	工程或费用名称	金额	占工程总投资的比例（%）
一	建筑工程费	9.25	1.70
二	安装工程费	35.77	6.57
三	拆除工程费	8.48	1.56
四	设备购置费	453.25	83.27
五	其中：编制基准期价差	1.04	0.19
	小计	506.75	93.10
六	其他费用	37.58	6.90

续表

序号	工程或费用名称	金额	占工程总投资的比例（%）
七	基本预备费		
八	工程静态投资合计	544.32	100.00
九	可抵扣增值税金额		

表 4-35　　　　　　典型方案 A1-5 安装工程专业汇总表　　　　金额单位：元

| 序号 | 工程或费用名称 | 安装工程费 | | | 设备购置费 | 合计 |
		主要材料费	安装费	小计		
	安装工程	101723	255946	357670	4532487	4890157
一	主变压器系统	83448	180760	264208	4532487	4796695
1	主变压器	83448	180760	264208	4532487	4796695
1.1	变压器本体	83448	180760	264208	4532487	4796695
四	控制及直流系统	10000		10000		10000
1	监控或监测系统	10000		10000		10000
1.1	计算机监控系统	10000		10000		10000
六	电缆防护设施	90	128	218		218
2	电缆防火	90	128	218		218
七	全站接地	8186		8186		8186
1	接地网	8186		8186		8186
九	调试		75058	75058		75058
1	分系统调试		9769	9769		9769
2	启动调试		12225	12225		12225
3	特殊调试		53064	53064		53064
	其中：编制基准期价差		6401	6401		6401
	合计	101723	255946	357670	4532487	4890157

表 4-36　　　　　　典型方案 A1-5 建筑工程专业汇总表　　　　金额单位：元

序号	工程或费用名称	设备费	主要材料费	建筑费	建筑工程费合计
	建筑工程		46889	45661	92550
二	主变压器及配电装置建筑		46889	35661	82550
1	主变压器系统		46889	35661	82550
1.1	构支架及基础		4235	2445	6679
1.2	主变压器设备基础		41155	31321	72476
1.3	主变压器油坑及卵石		1500	1895	3395

续表

序号	工程或费用名称	设备费	主要材料费	建筑费	建筑工程费合计
三	供水系统建筑			10000	10000
4	特殊消防系统			10000	10000
	其中：编制基准期价差		36	1160	1196
	合计		46889	45661	92550

表 4-37　　　　　　　　典型方案 A1-5 拆除工程专业汇总表　　　　　　金额单位：元

序号	工程或费用名称	拆除工程费
	拆除工程	84770
一	建筑拆除	36222
2	主变压器及配电装置建筑	36222
2.1	主变压器系统	36222
二	安装拆除	48549
1	主变压器系统	48549
1.1	主变压器	48549
	其中：编制基准期价差	2755
	合计	84770

表 4-38　　　　　　　　　典型方案 A1-5 其他费用概算表　　　　　　　金额单位：元

序号	工程或费用名称	编制依据及计算说明	合价
2	项目管理费		85989
2.1	管理经费	（建筑工程费＋安装工程费）×3.5%	15758
2.2	招标费	（建筑工程费＋安装工程费＋拆除工程费）×1.85%	9897
2.3	工程监理费	（建筑工程费＋安装工程费＋拆除工程费）×4.5%	24075
2.4	设备监造费	设备购置费×0.8%	36260
3	项目技术服务费		289780
3.1	前期工作及评审费	（建筑工程费＋安装工程费）×2.75%	12381
3.2	工程勘察设计费		268109
3.2.2	设计费	设计费×100%	268109
3.3	初步设计文件评审费	基本设计费×3.5%	7952
3.4	工程结算编制审查费	（建筑工程费＋安装工程费＋拆除工程费）×0.25%	1337
	小计		375770

4.5.4　典型方案电气设备材料表

典型方案 A1-5 电气设备材料表见表 4-39。

表 4-39　　　　　　　　　　　　典型方案 A1-5 电气设备材料表

序号	设备或材料名称	单位	数量	备注
	安装工程			
一	主变压器系统			
1	主变压器			
1.1	变压器本体			
500000791	220kV 三相油浸有载变压器，180MVA，220/110/35，一体	台	1	
100000002	110kV 软导线引下线	组（三相）	1	
100000003	220kV 软导线引下线	组（三相）	1	
100000013	220kV 变电站控制电缆	km	2	
500006874	交流支柱绝缘子，AC20kV，瓷，12.5kN，非磁性，户外	只	12	
500014823	布电线，BVR，铜，2.5，1	km	0.100	
500020866	接触金具　母线伸缩节，MS-100×10	件	6	
500020925	母线金具　矩形母线固定金具，MWP-204	件	12	
500021509	电缆保护管，钢管，ϕ100	t	0.115	
500026831	铜排，TMY，100×10	t	0.384	
500033976	电缆保护管，钢管，ϕ50	t	0.118	
500033978	电缆保护管，钢管，ϕ200	t	0.167	
500011755	绝缘涂料，PRTV	t	0.036	
500063634	绝缘套管，AC 10kV，冷缩，电缆，ϕ100	m	36	
四	控制及直流系统			
1	监控或监测系统			
1.1	计算机监控系统			
900000001	计算机监控系统扩容	项	1	
六	电缆防护设施			
2	电缆防火			
500011727	防火涂料	t	0.003	
500011738	防火堵料	t	0.006	
七	全站接地			
1	接地网			
500011000	扁钢，60mm，8mm，Q235-A	t	0.502	
500028603	铜排，TMY，50×5	t	0.028	
500066094	电缆保护管，钢管，ϕ65	t	0.332	
500052233	软铜绞线，TJR1，120	t	0.021	

4.5.5　典型方案工程量表

典型方案 A1-5 工程量见表 4-40。

表 4-40　　　　　　　　　　典型方案 A1-5 工程量表

序号	项目名称	单位	数量	备注
	建筑工程			
二	主变压器及配电装置建筑			
1	主变压器系统			
1.1	构支架及基础			
GJ2-8	独立基础　钢筋混凝土基础	m³	2	
GJ7-11	普通钢筋	t	0.208	
GJ9-18	不含土方、基础、支架　钢管设备支架	t	0.300	
	地脚螺栓	t	0.054	
1.2	主变压器设备基础			
GJ2-10	设备基础　变压器基础	m³	55	
GJ7-11	普通钢筋	t	5.460	
1.3	主变压器油坑及卵石			
YJ8-12	地面垫层　油池铺填卵石	m³	10.560	
三	供水系统建筑			
4	特殊消防系统			
	灭火器充氮系统	项	1	按 10000 元计列
	安装工程			
一	主变压器系统			
1	主变压器			
1.1	变压器本体			
调 GQ1-61 R×1.03 C×1.03 J×1.03	220kV 三绕组变压器安装　三相　容量（kVA 以下）180000	台	1	
GQ3-2	支持绝缘子安装　额定电压（kV）35	个	12	
调 GQ3-40 R×3.1 C×3.1 J×3.1	矩形母线安装　截面（mm²）1250	m	12	
GQ6-3	全站电缆敷设　控制电缆　全站	100m	20	
JQ5-94	低压电器设备安装 控制器	个	1	
六	电缆防护设施			
2	电缆防火			
GQ6-10	电缆防火安装　防火堵料	t	0.006	
GQ6-11	电缆防火安装　防火涂料	t	0.003	
九	调试			

序号	项目名称	单位	数量	备注
1	分系统调试			
调 JS1-12 R × 0.5 C × 0.5 J × 0.5	三相电力变压器（容量）240000kVA	系统	1	
2	启动调试			
调 JS2-4 R × 1.2 C × 1.2 J × 1.2	变压器试运 220kV	系统	1	
3	特殊调试			
JS3-2	变压器长时间感应耐压及局部放电试验 220kV	台（三相）	1	
JS3-14	变压器绕组频率响应特性测量（绕组变形试验）220kV	台（三相）	1	
JS3-86	绝缘油试验 瓶取样	样	11	
JS3-87	绝缘油试验 注射器取样	样	8	
JS3-111	气体继电器校验	只	2	
JS3-114	相关温度计校验 绕组温度计	只	1	
JS3-116	相关温度计校验 热电阻温度计	只	2	
	拆除工程			
一	建筑拆除			
2	主变压器及配电装置建筑			
2.1	主变压器系统			
调 GJ1-6 R × 20 C × 20 J × 20	机械施工土方 土方运距 每增加 1km	m³	114	
YJ21-9	拆除钢筋混凝土 基础	m³	2	
YJ21-9	拆除钢筋混凝土 基础 变压器	m³	55	
YJ21-35	拆除钢构支架	t	0.250	
二	安装拆除			
1	主变压器系统			
1.1	主变压器			
CQ1-49	220kV 三绕组变压器拆除 三相 容量（kVA 以下）180000	台	1	
CQ1-134	放注油	t	54	
CQ3-10	户外支持绝缘子拆除 额定电压（kV 以下）220	柱	12	

序号	项目名称	单位	数量	备注
CQ3-35	引下线、跳线及设备连引线拆除 35～220kV（截面 mm² 以下）1000	组 / 三相	2	
CQ3-47	每相多片矩形铝母线拆除 每相二片（截面 mm²）1250	m	12	
CQ6-22	电缆拆除 截面积（mm² 以内）10	100m	20	

4.6　A1-6 更换 220kV 三相三绕组 240MVA 变压器

4.6.1　典型方案主要内容

本典型方案为 1 台 220kV 三相三绕组 240MVA 变压器（三相为 1 台）更换。内容包括：一次、二次设备引线拆除、安装；变压器拆除、安装；变压器基础拆除、安装；变压器在线监测装置拆除、安装；消防装置拆除、安装；变压器调试及试验（包含绝缘油取样工程量，但不包含绝缘油试验和压力释放阀试验）；防污闪喷涂；防火封堵；接地改造。

4.6.2　典型方案主要技术条件

典型方案 A1-6 主要技术条件见表 4-41。

表 4-41　　　　　　　　　　典型方案 A1-6 主要技术条件

方案名称	工程主要技术条件	
更换 220kV 三相 三绕组 240MVA 变压器	额定电压（kV）	220/110/35
	额定容量（MVA）	240MVA
	相数	3
	绕组数	三绕组
	调压方式	有载
	系统中性点接地方式	不直接接地
	冷却方式	ONAF
	安装场所	户外
	绝缘方式	油浸

4.6.3　典型方案概算书

概算投资为总投资，编制依据按 3.2 要求。典型方案 A1-6 概算书包括总概算汇总表、安装工程专业汇总表、建筑工程专业汇总表、拆除工程专业汇总表、其他费用概算表，分别见表 4-42～表 4-46。

表 4-42   **典型方案 A1-6 总概算汇总表**   金额单位：万元

序号	工程或费用名称	金额	占工程总投资的比例（%）
一	建筑工程费	9.25	1.42
二	安装工程费	37.15	5.69
三	拆除工程费	8.78	1.35
四	设备购置费	554.34	84.94
五	其中：编制基准期价差	1.07	0.16
	小计	609.52	93.40
六	其他费用	43.09	6.60
七	基本预备费		
八	工程静态投资合计	652.62	100.00
九	可抵扣增值税金额		

表 4-43   **典型方案 A1-6 安装工程专业汇总表**   金额单位：元

序号	工程或费用名称	安装工程费			设备购置费	合计
		主要材料费	安装费	小计		
	安装工程	99934	271552	371486	5543384	5914870
一	主变压器系统	83448	196366	279814	5543384	5823198
1	主变压器	83448	196366	279814	5543384	5823198
1.1	变压器本体	83448	196366	279814	5543384	5823198
四	控制及直流系统	10000		10000		10000
1	监控或监测系统	10000		10000		10000
1.1	计算机监控系统	10000		10000		10000
六	电缆防护设施	90	128	218		218
2	电缆防火	90	128	218		218
七	全站接地	6396		6396		6396
1	接地网	6396		6396		6396
九	调试		75058	75058		75058
1	分系统调试		9769	9769		9769
2	启动调试		12225	12225		12225
3	特殊调试		53064	53064		53064
	其中：编制基准期价差		6723	6723		6723
	合计	99934	271552	371486	5543384	5914870

表 4-44 　　　　　　　　　　典型方案 A1-6 建筑工程专业汇总表 　　　　金额单位：元

序号	工程或费用名称	设备费	主要材料费	建筑费	建筑工程费合计
	建筑工程		46889	45661	92550
二	主变压器及配电装置建筑		46889	35661	82550
1	主变压器系统		46889	35661	82550
1.1	构支架及基础		4235	2445	6679
1.2	主变压器设备基础		41155	31321	72476
1.3	主变压器油坑及卵石		1500	1895	3395
三	供水系统建筑			10000	10000
4	特殊消防系统			10000	10000
	其中：编制基准期价差		36	1160	1196
	合计		46889	45661	92550

表 4-45 　　　　　　　　　　典型方案 A1-6 拆除工程专业汇总表 　　　　金额单位：元

序号	工程或费用名称	拆除工程费
	拆除工程	87826
一	建筑拆除	36222
2	主变压器及配电装置建筑	36222
2.1	主变压器系统	36222
二	安装拆除	51604
1	主变压器系统	51604
1.1	主变压器	51604
	其中：编制基准期价差	2814
	合计	87826

表 4-46 　　　　　　　　　　典型方案 A1-6 其他费用概算表 　　　　金额单位：元

序号	工程或费用名称	编制依据及计算说明	合价
2	项目管理费		95632
2.1	管理经费	（建筑工程费＋安装工程费）×3.5%	16241
2.2	招标费	（建筑工程费＋安装工程费＋拆除工程费）×1.85%	10209
2.3	工程监理费	（建筑工程费＋安装工程费＋拆除工程费）×4.5%	24834
2.4	设备监造费	设备购置费×0.8%	44347
3	项目技术服务费		335297
3.1	前期工作及评审费	（建筑工程费＋安装工程费）×2.75%	12761
3.2	工程勘察设计费		311905
3.2.2	设计费	设计费×100%	311905
3.3	初步设计文件评审费	基本设计费×3.5%	9251
3.4	工程结算编制审查费	（建筑工程费＋安装工程费＋拆除工程费）×0.25%	1380
	小计		430929

4.6.4 典型方案电气设备材料表

典型方案 A1-6 电气设备材料表见表 4-47。

表 4-47 典型方案 A1-6 电气设备材料表

序号	设备或材料名称	单位	数量	备注
	安装工程			
一	主变压器系统			
1	主变压器			
1.1	变压器本体			
500000797	220kV 三相油浸有载变压器，240MVA，220/110/35，一体	台	1	
100000002	110kV 软导线引下线	组（三相）	1	
100000003	220kV 软导线引下线	组（三相）	1	
100000013	220kV 变电站控制电缆	km	2	
500006874	交流支柱绝缘子，AC 20kV，瓷，12.5kN，非磁性，户外	只	12	
500014823	布电线，BVR，铜，2.5，1	km	0.100	
500020866	接触金具 母线伸缩节，MS-100×10	件	6	
500020925	母线金具 矩形母线固定金具，MWP-204	件	12	
500021509	电缆保护管，钢管，ϕ100	t	0.115	
500026831	铜排，TMY，100×10	t	0.384	
500033976	电缆保护管，钢管，ϕ50	t	0.118	
500033978	电缆保护管，钢管，ϕ200	t	0.167	
500011755	绝缘涂料，PRTV	t	0.036	
500063634	绝缘套管，AC 10kV，冷缩，电缆，ϕ100	m	36	
四	控制及直流系统			
1	监控或监测系统			
1.1	计算机监控系统			
900000001	计算机监控系统扩容	项	1	
六	电缆防护设施			
2	电缆防火			
500011727	防火涂料	t	0.003	
500011738	防火堵料	t	0.006	
七	全站接地			
1	接地网			
500011000	扁钢，60mm，8mm，Q235-A	t	0.502	
500028603	铜排，TMY，50×5	t	0.028	
500066094	电缆保护管，钢管，ϕ65	t	0.332	

4.6.5　典型方案工程量表

典型方案 A1-6 工程量见表 4-48。

表 4-48　　　　　　　　　　　典型方案 A1-6 工程量表

序号	项目名称	单位	数量	备注
	建筑工程			
二	主变压器及配电装置建筑			
1	主变压器系统			
1.1	构支架及基础			
GJ2-8	独立基础　钢筋混凝土基础	m³	2	
GJ7-11	普通钢筋	t	0.208	
GJ9-18	不含土方、基础、支架　钢管设备支架	t	0.300	
	地脚螺栓	t	0.054	
1.2	主变压器设备基础			
GJ2-10	设备基础　变压器基础	m³	55	
GJ7-11	普通钢筋	t	5.460	
1.3	主变压器油坑及卵石			
YJ8-12	地面垫层　油池铺填卵石	m³	10.560	
三	供水系统建筑			
4	特殊消防系统			
	灭火器充氮系统	项	1	按 10000 元计列
	安装工程			
一	主变压器系统			
1	主变压器			
1.1	变压器本体			
调 GQ1-62 R×1.03 C×1.03 J×1.03	220kV 三绕组变压器安装　三相　容量（kVA 以下）240000	台	1	
GQ3-2	支持绝缘子安装　额定电压（kV）35	个	12	
调 GQ3-40 R×3.1 C×3.1 J×3.1	矩形母线安装　截面（mm²）1250	m	12	
GQ6-3	全站电缆敷设　控制电缆　全站	100m	20	
JQ5-94	低压电器设备安装　控制器	个	1	
六	电缆防护设施			
2	电缆防火			

序号	项目名称	单位	数量	备注
GQ6-10	电缆防火安装　防火堵料	t	0.006	
GQ6-11	电缆防火安装　防火涂料	t	0.003	
九	调试			
1	分系统调试			
调JS1-12 R×0.5 C×0.5 J×0.5	三相电力变压器（容量）240000kVA	系统	1	
2	启动调试			
调JS2-4 R×1.2 C×1.2 J×1.2	变压器试运 220kV	系统	1	
3	特殊调试			
JS3-2	变压器长时间感应耐压及局部放电试验 220kV	台（三相）	1	
JS3-14	变压器绕组频率响应特性测量（绕组变形试验）220kV	台（三相）	1	
JS3-86	绝缘油试验　瓶取样	样	11	
JS3-87	绝缘油试验　注射器取样	样	8	
JS3-111	气体继电器校验	只	2	
JS3-114	相关温度计校验　绕组温度计	只	1	
JS3-116	相关温度计校验　热电阻温度计	只	2	
	拆除工程			
一	建筑拆除			
2	主变压器及配电装置建筑			
2.1	主变压器系统			
调GJ1-6 R×20 C×20 J×20	机械施工土方　土方运距　每增加1km	m³	114	
YJ21-9	拆除钢筋混凝土　基础	m³	2	
YJ21-9	拆除钢筋混凝土　基础-变压器	m³	55	
YJ21-35	拆除钢构支架	t	0.250	
二	安装拆除			
1	主变压器系统			
1.1	主变压器			
CQ1-50	220kV三绕组变压器拆除　三相　容量（kVA以下）240000	台	1	

序号	项目名称	单位	数量	备注
CQ1-134	放注油	t	58.500	
CQ3-10	户外支持绝缘子拆除 额定电压（kV 以下）220	柱	12	
CQ3-35	引下线、跳线及设备连引线拆除 35～220kV（截面 mm² 以下）1000	组 / 三相	2	
CQ3-47	每相多片矩形铝母线拆除 每相二片（截面 mm²）1250	m	12	
CQ6-22	电缆拆除 截面积（mm² 以内）10	100m	20	

4.7 A1-7 更换 500kV 单相三绕组 250MVA 变压器

4.7.1 典型方案主要内容

本典型方案为 1 组 500kV 单相三绕组 250MVA 变压器（三相为 1 组）更换。内容包括：一次、二次设备引线拆除、安装；变压器拆除、安装；变压器基础拆除、安装；变压器在线监测装置拆除、安装；消防装置拆除、安装；变压器调试及试验（包含绝缘油取样工程量，但不包含绝缘油试验和压力释放阀试验）；防污闪喷涂；防火封堵；接地改造。

4.7.2 典型方案主要技术条件

典型方案 A1-7 主要技术条件见表 4-49。

表 4-49   **典型方案 A1-7 主要技术条件**

方案名称	工程主要技术条件	
更换 500kV 单相 三绕组 250MVA 变压器	额定电压（kV）	500/220/35
	额定容量（MVA）	250MVA
	相数	单
	绕组数	三绕组
	调压方式	无载
	系统中性点接地方式	不直接接地
	冷却方式	ONAF
	安装场所	户外
	绝缘方式	油浸

4.7.3 典型方案概算书

概算投资为总投资，编制依据按 3.2 要求。典型方案 A1-7 概算书包括总概算汇总表、安装工程专业汇总表、建筑工程专业汇总表、拆除工程专业汇总表、其他费用概算表，分别见表 4-50～表 4-54。

表 4-50   典型方案 A1-7 总概算汇总表   金额单位：万元

序号	工程或费用名称	金额	占工程总投资的比例（%）
一	建筑工程费	27.98	1.03
二	安装工程费	120.07	4.41
三	拆除工程费	28.81	1.06
四	设备购置费	2401.70	88.15
五	其中：编制基准期价差	3.46	0.13
	小计	2578.56	94.64
六	其他费用	146.01	5.36
七	基本预备费		
八	工程静态投资合计	2724.57	100.00
九	可抵扣增值税金额		

表 4-51   典型方案 A1-7 安装工程专业汇总表   金额单位：元

序号	工程或费用名称	安装工程费			设备购置费	合计
		主要材料费	安装费	小计		
	安装工程	266265	934469	1200734	24016950	25217684
一	主变压器系统	236716	645367	882082	24016950	24899032
1	主变压器	236716	645367	882082	24016950	24899032
1.1	变压器本体	236716	645367	882082	24016950	24899032
四	控制及直流系统	10000		10000		10000
1	监控或监测系统	10000		10000		10000
1.1	计算机监控系统	10000		10000		10000
六	电缆防护设施	90	127	217		217
2	电缆防火	90	127	217		217
七	全站接地	19460		19460		19460
1	接地网	19460		19460		19460
九	调试		288975	288975		288975
1	分系统调试		46246	46246		46246
2	启动调试		91621	91621		91621
3	特殊调试		151108	151108		151108
	其中：编制基准期价差		21557	21557		21557
	合计	266265	934469	1200734	24016950	25217684

表 4-52　　　　　　　　　　　**典型方案 A1-7 建筑工程专业汇总表**　　　　金额单位：元

序号	工程或费用名称	设备费	主要材料费	建筑费	建筑工程费合计
	建筑工程		158110	121737	279847
二	主变压器及配电装置建筑		158110	121737	279847
1	主变压器系统		158110	111737	269847
1.1	构支架及基础		56540	27896	84436
1.2	主变压器设备基础		99809	81617	181426
1.3	主变压器油坑及卵石		1761	2224	3985
三	供水系统建筑			10000	10000
4	特殊消防系统			10000	10000
	其中：编制基准期价差		128	3516	3644
	合计		158110	121737	279847

表 4-53　　　　　　　　　　　**典型方案 A1-7 拆除工程专业汇总表**　　　　金额单位：元

序号	工程或费用名称	拆除工程费
	拆除工程	288073
一	建筑拆除	131026
2	主变压器及配电装置建筑	131026
2.1	主变压器系统	131026
二	安装拆除	157046
1	主变压器系统	157046
1.1	主变压器	157046
	其中：编制基准期价差	9420
	合计	288073

表 4-54　　　　　　　　　　　**典型方案 A1-7 其他费用概算表**　　　　金额单位：元

序号	工程或费用名称	编制依据及计算说明	合价
2	项目管理费		284215
2.1	管理经费	（建筑工程费＋安装工程费）×3.5%	51820
2.2	招标费	（建筑工程费＋安装工程费＋拆除工程费）×1.85%	32720
2.3	工程监理费	（建筑工程费＋安装工程费＋拆除工程费）×4.5%	79589
2.4	设备监造费	设备购置费×0.5%	120085
3	项目技术服务费		1175889
3.1	前期工作及评审费	（建筑工程费＋安装工程费）×2.75%	40716
3.2	工程勘察设计费		1098179
3.2.2	设计费	设计费×100%	1098179

续表

序号	工程或费用名称	编制依据及计算说明	合价
3.3	初步设计文件评审费	基本设计费×3.5%	32573
3.4	工程结算编制审查费	（建筑工程费＋安装工程费＋拆除工程费）×0.25%	4422
	小计		1460104

4.7.4 典型方案电气设备材料表

典型方案 A1-7 电气设备材料表见表 4-55。

表 4-55　典型方案 A1-7 电气设备材料表

序号	设备或材料名称	单位	数量	备注
	安装工程			
一	主变压器系统			
1	主变压器			
1.1	变压器本体			
500037784	500kV 单相油浸有载变压器，250MVA，500/220/35，一体	台	3	
100000004	500kV 软导线引下线	组（三相）	3	
100000005	35kV 软导线设备连线	组（三相）	2	
100000009	500kV 变电站电力电缆	km	0.300	
100000014	500kV 变电站控制电缆	km	3	
500006874	交流支柱绝缘子，AC 20kV，瓷，12.5kN，非磁性，户外	只	15	
500014823	布电线，BVR，铜，2.5，1	km	0.300	
500021509	电缆保护管，钢管，φ100	t	1.150	
500026831	铜排，TMY，100×10	t	1.023	
500033646	母线金具 管母线 T 型线夹，MGT-150	件	15	
500033976	电缆保护管，钢管，φ50	t	0.882	
500033978	电缆保护管，钢管，φ200	t	1.336	
500011755	绝缘涂料，PRTV	t	0.060	
500063634	绝缘套管，AC 10kV，冷缩，电缆，φ100	m	96	
四	控制及直流系统			
1	监控或监测系统			
1.1	计算机监控系统			
900000001	计算机监控系统扩容	项	1	
六	电缆防护设施			
2	电缆防火			
500011738	防火堵料	t	0.006	
500011727	防火涂料	t	0.003	

续表

序号	设备或材料名称	单位	数量	备注
七	全站接地			
500011000	扁钢，60mm，8mm，Q235-A	t	1.598	
500028603	铜排，TMY，50×5	t	0.028	
500066094	电缆保护管，钢管，ϕ65	t	0.332	
500052233	软铜绞线，TJR1，120	t	0.089	

4.7.5　典型方案工程量表

典型方案 A1-7 工程量见表 4-56。

表 4-56　　　　　　　　　典型方案 A1-7 工程量表

序号	项目名称	单位	数量	备注
	建筑工程			
二	主变压器及配电装置建筑			
1	主变压器系统			
1.1	构支架及基础			
GJ2-8	独立基础　钢筋混凝土基础	m³	22.500	
GJ7-11	普通钢筋	t	2.473	
GJ9-18	不含土方、基础、支架　钢管设备支架	t	4.346	
	地脚螺栓	t	0.405	
1.2	主变压器设备基础			
GJ2-10	设备基础　变压器基础	m³	180	
GJ7-11	普通钢筋	t	9.230	
1.3	主变压器油坑及卵石			
YJ8-12	地面垫层　油池铺填卵石	m³	12.400	
三	供水系统建筑			
4	特殊消防系统			
	灭火器充氮系统	项	1	按 10000 元计列
	安装工程			
一	主变压器系统			
1	主变压器			
1.1	变压器本体			
调 GQ1-89 R×1.03 C×1.03 J×1.03	500kV 单相三绕组变压器安装　三绕组容量（kVA 以下）250000	台	3	
GQ3-2	支持绝缘子安装　额定电压（kV）35	个	15	

续表

序号	项目名称	单位	数量	备注
调 GQ3-40 R × 3.1 C × 3.1 J × 3.1	矩形母线安装 截面（mm²）1250	m	32	
GQ6-1	全站电缆敷设 电力电缆 6kV 以下 全站	100m	3	
GQ6-3	全站电缆敷设 控制电缆 全站	100m	30	
JQ5-94	低压电器设备安装 控制器	个	3	
六	电缆防护设施			
2	电缆防火			
GQ6-10	电缆防火安装 防火堵料	t	0.006	
GQ6-11	电缆防火安装 防火涂料	t	0.003	
九	调试			
1	分系统调试			
调 JS1-18 R × 0.7 C × 0.7 J × 0.7	单相电力变压器（容量）250000kVA	系统	3	
2	启动调试			
调 JS2-6 R × 1.4 C × 1.4 J × 1.4	变压器试运 500kV	系统	3	
3	特殊调试			
JS3-4	变压器长时间感应耐压及局部放电试验 500kV	台（单相）	3	
JS3-16	变压器绕组频率响应特性测量（绕组变形试验）500kV	台（单相）	3	
JS3-86	绝缘油试验 瓶取样	样	15	
JS3-87	绝缘油试验 注射器取样	样	9	
JS3-111	气体继电器校验	只	2	
JS3-114	相关温度计校验 绕组温度计	只	3	
JS3-116	相关温度计校验 热电阻温度计	只	6	
	拆除工程			
一	建筑拆除			
2	主变压器及配电装置建筑			
2.1	主变压器系统			

序号	项目名称	单位	数量	备注
调 GJ1-6 R×20 C×20 J×20	机械施工土方　土方运距　每增加 1km	m³	405	
YJ21-9	拆除钢筋混凝土　基础	m³	22.500	
YJ21-9	拆除钢筋混凝土　基础 - 变压器	m³	180	
YJ21-35	拆除钢构支架	t	4.346	
二	安装拆除			
1	主变压器系统			
1.1	主变压器			
CQ1-77	500kV 单相三绕组变压器拆除　容量（kVA 以下）250000	台	3	
CQ1-134	放注油	t	180	
CQ3-10	户外支持绝缘子拆除　额定电压（kV 以下）220	柱	15	
CQ3-36	引下线、跳线及设备连引线拆除 35～220kV（截面 mm² 以下）1440	组/三相	1	
CQ3-37	引下线、跳线及设备连引线拆除 35～220kV（截面 mm² 以下）2×1440	组/三相	1	
CQ3-40	引下线、跳线及设备连引线拆除 330～500kV（截面 mm² 以下）2×1440	组/三相	3	
CQ3-48	每相多片矩形铝母线拆除　每相三片（截面 mm² 以下）1250	m	32	
CQ6-10	电缆保护管拆除　钢管拆除 钢管（管径 mm 以内）φ50	100m	2.900	
CQ6-22	电缆拆除　截面积（mm² 以内）10	100m	33	

第5章 更换中性点装置

更换中性点装置典型方案共3个：按照电压等级、接地方式分为110～500kV（330kV除外）不同类型的典型方案。所有典型方案的工作范围只包含更换中性点装置本体。

5.1 A2-1更换110kV交流中性点装置

5.1.1 典型方案主要内容

本典型方案为1套110kV交流中性点装置更换。内容包括：一次、二次设备引线拆除、安装；中性点装置拆除、安装；中性点装置基础拆除、安装；中性点装置的一次、二次调试及试验；设备防污闪喷涂；接地改造。

5.1.2 典型方案主要技术条件

典型方案A2-1主要技术条件见表5-1。

表5-1　　　　　　　　　　典型方案A2-1主要技术条件

方案名称	工程主要技术条件	
更换110kV交流中性点装置	电压等级（kV）	110
	设备最高电压（kV）	72.5
	绝缘介质	硅橡胶
	安装场所	户外

5.1.3 典型方案概算书

概算投资为总投资，编制依据按3.2要求。典型方案A2-1概算书包括总概算汇总表、安装工程专业汇总表、建筑工程专业汇总表、拆除工程专业汇总表、其他费用概算表，分别见表5-2～表5-6。

表5-2　　　　　　　　　典型方案A2-1总概算汇总表　　　　　　　　金额单位：万元

序号	工程或费用名称	金额	占工程总投资的比例（%）
一	建筑工程费	0.44	8.90
二	安装工程费	1.22	24.51
三	拆除工程费	0.22	4.49
四	设备购置费	2.50	50.38

序号	工程或费用名称	金额	占工程总投资的比例（%）
五	其中：编制基准期价差	0.04	0.80
	小计	4.38	88.28
六	其他费用	0.58	11.72
七	基本预备费		
八	工程静态投资合计	4.96	100.00
九	可抵扣增值税金额		

表 5-3   **典型方案 A2-1 安装工程专业汇总表**   金额单位：元

序号	工程或费用名称	安装工程费			设备购置费	合计
		主要材料费	安装费	小计		
	安装工程	2467	9695	12162	25001	37163
一	主变压器系统	2327	4267	6594	25001	31595
1	主变压器	2327	4267	6594	25001	31595
1.1	变压器本体	2327	4267	6594	25001	31595
七	全站接地	140		140		140
1	接地网	140		140		140
九	调试		5428	5428		5428
3	特殊调试		5428	5428		5428
	其中：编制基准期价差		264	264		264
	合计	2467	9695	12162	25001	37163

表 5-4   **典型方案 A2-1 建筑工程专业汇总表**   金额单位：元

序号	工程或费用名称	设备费	主要材料费	建筑费	建筑工程费合计
	建筑工程		2823	1594	4417
二	主变压器及配电装置建筑		2823	1594	4417
1	主变压器系统		2823	1594	4417
1.1	构支架及基础		2823	1594	4417
	其中：编制基准期价差		1	42	43
	合计		2823	1594	4417

表 5-5   **典型方案 A2-1 拆除工程专业汇总表**   金额单位：元

序号	工程或费用名称	拆除工程费
	拆除工程	2230
一	建筑拆除	1118
2	主变压器及配电装置建筑	1118
2.1	主变压器系统	1118

续表

序号	工程或费用名称	拆除工程费
二	安装拆除	1111
1	主变压器系统	1111
1.1	主变压器	1111
	其中：编制基准期价差	90
	合计	2230

表 5-6   **典型方案 A2-1 其他费用概算表**   金额单位：元

序号	工程或费用名称	编制依据及计算说明	合价
2	项目管理费		1775
2.1	管理经费	（建筑工程费＋安装工程费）×3.5%	580
2.2	招标费	（建筑工程费＋安装工程费＋拆除工程费）×1.85%	348
2.3	工程监理费	（建筑工程费＋安装工程费＋拆除工程费）×4.5%	846
3	项目技术服务费		4039
3.1	前期工作及评审费	（建筑工程费＋安装工程费）×2.75%	456
3.2	工程勘察设计费		3434
3.2.2	设计费	设计费×100%	3434
3.3	初步设计文件评审费	基本设计费×3.5%	102
3.4	工程结算编制审查费	（建筑工程费＋安装工程费＋拆除工程费）×0.25%	47
	小计		5814

5.1.4 典型方案电气设备材料表

典型方案 A2-1 电气设备材料表见表 5-7。

表 5-7   **典型方案 A2-1 电气设备材料表**

序号	设备或材料名称	单位	数量	备注
	安装工程			
一	主变压器系统			
1	主变压器			
1.1	变压器本体			
500070598	110kV 交流中性点成套装置，硅橡胶，72.5kV，无绝缘子，有避雷器，户外	套	1	
100000006	110kV 软导线设备连线	组（三相）	1	
100000012	110kV 变电站控制电缆	km	0.050	
500011557	铝排，−50mm×5mm	t	0.004	
500014823	布电线，BVR，铜，2.5，1	km	0.01	
500021535	电缆保护管，钢管，$\phi 80$	t	0.053	

续表

序号	设备或材料名称	单位	数量	备注
500033083	布电线，BVR，铜，2.5，4	km	0.0100	
500011755	绝缘涂料，PRTV	t	0.001	
七	全站接地			
1	接地网			
500011000	扁钢，60mm，8mm，Q235-A	t	0.011	
500052233	软铜绞线，TJR1，120	t	0.001	

5.1.5 典型方案工程量表

典型方案 A2-1 工程量见表 5-8。

表 5-8 典型方案 A2-1 工程量表

序号	项目名称	单位	数量	备注
	建筑工程			
二	主变压器及配电装置建筑			
1	主变压器系统			
1.1	构支架及基础			
GJ2-8	独立基础 钢筋混凝土基础	m³	1.500	
GJ7-11	普通钢筋	t	0.015	
GJ9-18	不含土方、基础、支架 钢管设备支架	t	0.250	
	地脚螺栓	t	0.045	
	安装工程			
一	主变压器系统			
1	变压器			
1.1	变压器本体			
GQ2-272	中性点接地成套装置安装 小电阻接地成套装置	台	1	
GQ3-38	矩形母线安装 截面（mm²）800	m	6	
GQ6-3	全站电缆敷设 控制电缆 全站	100m	0.500	
九	调试			
3	特殊调试			
调 JS3-37 R×0.88 C×0.88 J×0.88	金属氧化物避雷器持续电流测量 110kV	组	0.333	

序号	项目名称	单位	数量	备注
调 JS3-61 R × 0.88 C × 0.88 J × 0.88	互感器耐压试验 110kV	台	1	
调 JS3-121 R × 0.88 C × 0.88 J × 0.88	电流互感器误差试验 110kV	组	0.333	
	拆除工程			
一	建筑拆除			
2	主变压器及配电装置建筑			
2.1	主变压器系统			
调 GJ1-6 R × 20 C × 20 J × 20	机械施工土方　土方运距　每增加 1km	m³	3	
YJ21-9	拆除钢筋混凝土　基础	m³	1.500	
YJ21-35	拆除钢构支架	t	0.250	
二	安装拆除			
1	主变压器系统			
1.1	主变压器			
CQ2-298	中性点接地成套装置拆除　小电阻接地成套装置	台	1	
CQ6-22	电缆拆除　截面积（mm² 以内）10	100m	0.500	
CQ3-34	引下线、跳线及设备连引线拆除 35～220kV （截面 mm² 以下）600	组 / 三相	1	

5.2　A2-2 更换 220kV 交流中性点装置

5.2.1　典型方案主要内容

本典型方案为 1 套 220kV 交流中性点装置更换。内容包括：一次、二次设备引线拆除、安装；中性点装置拆除、安装；中性点装置基础拆除、安装；中性点装置的一次、二次调试及试验；设备防污闪喷涂；接地改造。

5.2.2　典型方案主要技术条件

典型方案 A2-2 主要技术条件见表 5-9。

表 5-9   典型方案 A2-2 主要技术条件

方案名称	工程主要技术条件	
更换 220kV 交流中性点装置	电压等级（kV）	220
	设备最高电压（kV）	126
	绝缘介质	硅橡胶
	安装场所	户外

5.2.3 典型方案概算书

概算投资为总投资，编制依据按 3.2 要求。典型方案 A2-2 概算书包括总概算汇总表、安装工程专业汇总表、建筑工程专业汇总表、拆除工程专业汇总表、其他费用概算表，分别见表 5-10～表 5-14。

表 5-10   典型方案 A2-2 总概算汇总表   金额单位：万元

序号	工程或费用名称	金额	占工程总投资的比例（%）
一	建筑工程费	0.44	6.91
二	安装工程费	1.49	23.35
三	拆除工程费	0.22	3.49
四	设备购置费	3.51	54.89
五	其中：编制基准期价差	0.04	0.68
	小计	5.67	88.64
六	其他费用	0.73	11.36
七	基本预备费		
八	工程静态投资合计	6.39	100.00
九	可抵扣增值税金额		

表 5-11   典型方案 A2-2 安装工程专业汇总表   金额单位：元

序号	工程或费用名称	安装工程费			设备购置费	合计
		主要材料费	安装费	小计		
	安装工程	3831	11095	14925	35082	50007
一	主变压器系统	3520	4933	8453	35082	43535
1	主变压器	3520	4933	8453	35082	43535
1.1	变压器本体	3520	4933	8453	35082	43535
七	全站接地	311		311		311
1	接地网	311		311		311
九	调试		6161	6161		6161
3	特殊调试		6161	6161		6161
	其中：编制基准期价差		302	302		302
	合计	3831	11095	14925	35082	50007

表 5-12　　　　　　　**典型方案 A2-2 建筑工程专业汇总表**　　　　金额单位：元

序号	工程或费用名称	设备费	主要材料费	建筑费	建筑工程费合计
	建筑工程		2823	1594	4416
二	主变压器及配电装置建筑		2823	1594	4416
1	主变压器系统		2823	1594	4416
1.1	构支架及基础		2823	1594	4416
	其中：编制基准期价差		1	42	43
	合计		2823	1594	4416

表 5-13　　　　　　　**典型方案 A2-2 拆除工程专业汇总表**　　　　金额单位：元

序号	工程或费用名称	拆除工程费
	拆除工程	2230
一	建筑拆除	1118
2	主变压器及配电装置建筑	1118
2.1	主变压器系统	1118
二	安装拆除	1111
1	主变压器系统	1111
1.1	主变压器	1111
	其中：编制基准期价差	90
	合计	2230

表 5-14　　　　　　　**典型方案 A2-2 其他费用概算表**　　　　金额单位：元

序号	工程或费用名称	编制依据及计算说明	合价
2	项目管理费		2047
2.1	管理经费	（建筑工程费＋安装工程费）×3.5%	677
2.2	招标费	（建筑工程费＋安装工程费＋拆除工程费）×1.85%	399
2.3	工程监理费	（建筑工程费＋安装工程费＋拆除工程费）×4.5%	971
3	项目技术服务费		5215
3.1	前期工作及评审费	（建筑工程费＋安装工程费）×2.75%	532
3.2	工程勘察设计费		4495
3.2.2	设计费	设计费×100%	4495
3.3	初步设计文件评审费	基本设计费×3.5%	133
3.4	工程结算编制审查费	（建筑工程费＋安装工程费＋拆除工程费）×0.25%	54
	小计		7261

5.2.4　典型方案电气设备材料表

典型方案 A2-2 电气设备材料表见表 5-15。

表 5-15　　　　　　　　　　典型方案 A2-2 电气设备材料表

序号	设备或材料名称	单位	数量	备注
	安装工程			
一	主变压器系统			
1	主变压器			
1.1	变压器本体			
500070607	220kV　交流中性点成套装置，硅橡胶，126kV，无绝缘子，有避雷器，户外	套	1	
100000007	220kV　软导线设备连线	组（三相）	1	
100000013	220kV　变电站控制电缆	km	0.050	
500011557	铝排，−50mm×5mm	t	0.008	
500014823	布电线，BVR，铜，2.5，1	km	0.010	
500021535	电缆保护管，钢管，ϕ80	t	0.053	
500033083	布电线，BVR，铜，2.5，4	km	0.010	
500011755	绝缘涂料，PRTV	t	0.002	
七	全站接地			
1	接地网			
500011000	扁钢，60mm，8mm，Q235-A	t	0.011	
500052233	软铜绞线，TJR1，120	t	0.003	

5.2.5　典型方案工程量表

典型方案 A2-2 工程量见表 5-16。

表 5-16　　　　　　　　　　典型方案 A2-2 工程量表

序号	项目名称	单位	数量	备注
	建筑工程			
二	主变压器及配电装置建筑			
1	主变压器系统			
1.1	构支架及基础			
GJ2-8	独立基础　钢筋混凝土基础	m³	1.500	
GJ7-11	普通钢筋	t	0.015	
GJ9-18	不含土方、基础、支架　钢管设备支架	t	0.250	
	地脚螺栓	t	0.045	
	安装工程			
一	主变压器系统			
1	变压器			

续表

序号	项目名称	单位	数量	备注
1.1	变压器本体			
GQ2-272	中性点接地成套装置安装　小电阻接地成套装置	台	1	
GQ3-38	矩形母线安装　截面（mm²）800	m	12	
GQ6-3	全站电缆敷设　控制电缆　全站	100m	0.500	
九	调试			
3	特殊调试			
JS3-37	金属氧化物避雷器持续电流测量 110kV	组	0.333	
JS3-61	互感器耐压试验 110kV	台	1	
JS3-121	电流互感器误差试验 110kV	组	0.333	
	拆除工程			
一	建筑拆除			
2	主变压器及配电装置建筑			
2.1	主变压器系统			
调 GJ1-6 R×20 C×20 J×20	机械施工土方　土方运距　每增加 1km	m³	3	
YJ21-9	拆除钢筋混凝土　基础	m³	1.500	
YJ21-35	拆除钢构支架	t	0.250	
二	安装拆除			
1	主变压器系统			
1.1	主变压器			
CQ2-298	中性点接地成套装置拆除　小电阻接地成套装置	台	1	
CQ3-34	引下线、跳线及设备连引线拆除 35～220kV （截面 mm² 以下）600	组/三相	1	
CQ6-22	电缆拆除　截面积（mm² 以内）10	100m	0.500	

5.3　A2-3 更换 500kV 交流中性点装置

5.3.1　典型方案主要内容

本典型方案为 1 套 500kV 交流中性点装置更换。内容包括：一次、二次设备引线拆除、安装；中性点装置拆除、安装；中性点装置基础拆除、安装；中性点装置的一次、二次调试及试验；设备防污闪喷涂；接地改造。

5.3.2 典型方案主要技术条件

典型方案 A2-3 主要技术条件见表 5-17。

表 5-17 典型方案 A2-3 主要技术条件

方案名称	工程主要技术条件	
	变压器电压等级（kV）	500
更换 500kV 交流中性点装置	设备最高电压（kV）	186
	绝缘介质	硅橡胶
	安装场所	户外

5.3.3 典型方案概算书

概算投资为总投资，编制依据按 3.2 要求。典型方案 A2-3 概算书包括总概算汇总表、安装工程专业汇总表、建筑工程专业汇总表、拆除工程专业汇总表、其他费用概算表，分别见表 5-18～表 5-22。

表 5-18 典型方案 A2-3 总概算汇总表 金额单位：万元

序号	工程或费用名称	金额	占工程总投资的比例（%）
一	建筑工程费	2.67	9.79
二	安装工程费	4.74	17.35
三	拆除工程费	1.52	5.56
四	设备购置费	15.38	56.34
五	其中：编制基准期价差	0.18	0.68
	小计	24.31	89.05
六	其他费用	2.99	10.95
七	基本预备费		
八	工程静态投资合计	27.30	100.00
九	可抵扣增值税金额		

表 5-19 典型方案 A2-3 安装工程专业汇总表 金额单位：元

序号	工程或费用名称	安装工程费			设备购置费	合计
		主要材料费	安装费	小计		
	安装工程	12744	34630	47374	153829	201203
一	主变压器系统	11822	23627	35449	153829	189278
1	主变压器	11822	23627	35449	153829	189278
1.1	变压器本体	11822	23627	35449	153829	189278
七	全站接地	922		922		922
1	接地网	922		922		922
九	调试		11003	11003		11003

续表

序号	工程或费用名称	安装工程费			设备购置费	合计
		主要材料费	安装费	小计		
3	特殊调试		11003	11003		11003
	其中：编制基准期价差		1012	1012		1012
	合计	12744	34630	47374	153829	201203

表 5-20　　　　典型方案 A2-3 建筑工程专业汇总表　　　　金额单位：元

序号	工程或费用名称	设备费	主要材料费	建筑费	建筑工程费合计
	建筑工程		17802	8916	26718
二	主变压器及配电装置建筑		17802	8916	26718
1	主变压器系统		17802	8916	26718
1.1	构支架及基础		17802	8916	26718
	其中：编制基准期价差		10	256	266
	合计		17802	8916	26718

表 5-21　　　　典型方案 A2-3 拆除工程专业汇总表　　　　金额单位：元

序号	工程或费用名称	拆除工程费
	拆除工程	15188
一	建筑拆除	10062
2	主变压器及配电装置建筑	10062
2.1	主变压器系统	10062
二	安装拆除	5126
2	配电装置	5126
2.2	屋外配电装置	5126
	其中：编制基准期价差	567
	合计	15188

表 5-22　　　　典型方案 A2-3 其他费用概算表　　　　金额单位：元

序号	工程或费用名称	编制依据及计算说明	合价
2	项目管理费		8262
2.1	管理经费	（建筑工程费＋安装工程费）×3.5%	2593
2.2	招标费	（建筑工程费＋安装工程费＋拆除工程费）×1.85%	1652
2.3	工程监理费	（建筑工程费＋安装工程费＋拆除工程费）×4.5%	4018
3	项目技术服务费		21645
3.1	前期工作及评审费	（建筑工程费＋安装工程费）×2.75%	2038
3.2	工程勘察设计费		18826

序号	工程或费用名称	编制依据及计算说明	合价
3.2.2	设计费	设计费×100%	18826
3.3	初步设计文件评审费	基本设计费×3.5%	558
3.4	工程结算编制审查费	（建筑工程费＋安装工程费＋拆除工程费）×0.25%	223
	小计		29908

5.3.4　典型方案电气设备材料表

典型方案A2-3电气设备材料表见表5-23。

表5-23　　　　　　　　　　典型方案A2-3电气设备材料表

序号	设备或材料名称	单位	数量	备注
	安装工程			
一	主变压器系统			
1	主变压器			
1.1	变压器本体			
500068515	中性点避雷器，72kV，硅橡胶，186kV，不带间隙	台	1	
	中性点小电抗66kV，10Ω，600A	台	1	
	中性点隔离开关	台	1	
100000008	500kV软导线设备连线	组（三相）	1	
100000014	500kV变电站控制电缆	km	0.050	
500011557	铝排，−50mm×5mm	t	0.012	
500014823	布电线，BVR，铜，2.5，1	km	0.030	
500021535	电缆保护管，钢管，φ80	t	0.100	
500033083	布电线，BVR，铜，2.5，4	km	0.030	
500011755	绝缘涂料，PRTV	t	0.005	
七	全站接地			
1	接地网			
500011000	扁钢，60mm，8mm，Q235-A	t	0.031	
500052233	软铜绞线，TJR1，120	t	0.009	

5.3.5　典型方案工程量表

典型方案A2-3工程量见表5-24。

表5-24　　　　　　　　　　典型方案A2-3工程量表

序号	项目名称	单位	数量	备注
	建筑工程			
二	主变压器及配电装置建筑			

续表

序号	项目名称	单位	数量	备注
1	主变压器系统			
1.1	构支架及基础			
GJ2-8	独立基础　钢筋混凝土基础	m³	14.300	
GJ7-11	普通钢筋	t	0.090	
GJ9-18	不含土方、基础、支架　钢管设备支架	t	1.350	
	地脚螺栓	t	0.045	
	安装工程			
一	主变压器系统			
1	主变压器			
1.1	变压器本体			
调GQ1-124 R×0.88 C×0.88 J×0.88	电抗器安装 中性点小电抗安装 110kV	台	1	
调GQ2-130 R×0.88 C×0.88 J×0.88	隔离开关 单相接地开关安装 电压（kV）110	台	1	
调GQ2-199 R×0.88 C×0.88 J×0.88	避雷器安装 氧化锌式 电压（kV）110	组/三相	0.333	
GQ3-38	矩形母线安装　截面（mm²）800	m	18	
GQ6-3	全站电缆敷设　控制电缆　全站	100m	0.500	
九	调试			
3	特殊调试			
JS3-38	金属氧化物避雷器持续电流测量 220kV	组	0.333	
JS3-62	互感器耐压试验 220kV	台	1	
JS3-122	电流互感器误差试验 220kV	组	0.333	
	拆除工程			
一	建筑拆除			
2	主变压器及配电装置建筑			
2.1	主变压器系统			
调GJ1-6 R×20 C×20 J×20	机械施工土方　土方运距　每增加1km	m³	28.600	

续表

序号	项目名称	单位	数量	备注
YJ21-9	拆除钢筋混凝土 基础	m³	14.300	
二	安装拆除			
2	配电装置			
2.2	屋外配电装置			
调 CQ1-106 R×0.88 C×0.88 J×0.88	中性点小电抗器拆除 110kV	台	1	
调 CQ2-139 R×0.88 C×0.88 J×0.88	单相接地开关拆除 电压（kV）110	台	1	
调 CQ2-208 R×0.88 C×0.88 J×0.88	避雷器拆除 氧化锌式 电压（kV）110	组/三相	0.333	
CQ3-38	引下线、跳线及设备连引线拆除 330～500kV （截面 mm² 以下）800	组/三相	1	
CQ6-22	电缆拆除 截面积（mm² 以内）10	100m	0.500	

第6章 更换消弧线圈接地变压器成套装置

更换消弧线圈接地变压器成套装置典型方案共 1 个。此典型方案的工作范围只包含更换消弧线圈接地变成套装置本体。

6.1 A3-1 更换消弧线圈接地变成套装置

6.1.1 典型方案主要内容

本典型方案为 1 套消弧线圈接地变压器成套装置更换。内容包括：一次、二次电缆的拆除、电缆头制作、电缆敷设及接引；消弧线圈接地变压器成套装置的拆除与安装；消弧线圈接地变压器成套装置基础拆除、安装；消弧线圈接地变压器成套装置的一次、二次调试；防火封堵；接地改造。

6.1.2 典型方案主要技术条件

典型方案 A3-1 主要技术条件见表 6-1。

表 6-1   **典型方案 A3-1 主要技术条件**

方案名称	工程主要技术条件	
更换消弧线圈接地变压器成套装置	结构型式	干式
	额定电压（kV）	10
	额定容量（kVA）	1200
	调节方式	调匝
	安装场所	户外

6.1.3 典型方案概算书

概算投资为总投资，编制依据按 3.2 要求。典型方案 A3-1 概算书包括总概算汇总表、安装工程专业汇总表、建筑工程专业汇总表、拆除工程专业汇总表、其他费用概算表，分别见表 6-2～表 6-6。

表 6-2   **典型方案 A3-1 总概算汇总表**   金额单位：万元

序号	工程或费用名称	金额	占工程总投资的比例（%）
一	建筑工程费	1.51	2.45
二	安装工程费	22.37	36.32
三	拆除工程费	1.46	2.37

序号	工程或费用名称	金额	占工程总投资的比例（%）
四	设备购置费	28.76	46.68
五	其中：编制基准期价差	0.24	0.39
	小计	54.10	87.82
六	其他费用	7.50	12.18
七	基本预备费		
八	工程静态投资合计	61.60	100.00
九	可抵扣增值税金额		

表 6-3　　　　　　　　　典型方案 A3-1 安装工程专业汇总表　　　　　　金额单位：元

序号	工程或费用名称	安装工程费			设备购置费	合计
		主要材料费	安装费	小计		
	安装工程	173106	50619	223725	287557	511282
四	控制及直流系统	114610	10677	125288		125288
1	监控或监测系统	114610	10677	125288		125288
1.1	计算机监控系统	114610	10677	125288		125288
五	站用电系统	58290	20260	78550	287557	366107
1	站用变压器	58290	20260	78550	287557	366107
1.1	变压器本体	58290	20260	78550	287557	366107
六	电缆防护设施	90	128	218		218
2	电缆防火	90	128	218		218
七	全站接地	115		115		115
1	接地网	115		115		115
九	调试		19554	19554		19554
1	分系统调试		10717	10717		10717
3	特殊调试		8837	8837		8837
	其中：编制基准期价差		1625	1625		1625
	合计	173106	50619	223725	287557	511282

表 6-4　　　　　　　　　典型方案 A3-1 建筑工程专业汇总表　　　　　　金额单位：元

序号	工程或费用名称	设备费	主要材料费	建筑费	建筑工程费合计
	建筑工程		8317	6805	15122
二	主变压器及配电装置建筑		8317	6805	15122
6	站用变压器系统		8317	6805	15122
6.1	站用变压器设备基础		8317	6805	15122
	其中：编制基准期价差		9	222	232
	合计		8317	6805	15122

表 6-5   典型方案 A3-1 拆除工程专业汇总表   金额单位：元

序号	工程或费用名称	拆除工程费
	拆除工程	14572
一	建筑拆除	9487
2	主变压器及配电装置建筑	9487
2.6	站用变压器系统	9487
二	安装拆除	5084
4	控制及直流系统	3436
4.1	监控或监测系统	3436
5	站用电系统	1648
5.1	站用变压器	1648
	其中：编制基准期价差	546
	合计	14572

表 6-6   典型方案 A3-1 其他费用概算表   金额单位：元

序号	工程或费用名称	编制依据及计算说明	合价
2	项目管理费		24452
2.1	管理经费	（建筑工程费＋安装工程费）×3.5%	8360
2.2	招标费	（建筑工程费＋安装工程费＋拆除工程费）×1.85%	4688
2.3	工程监理费	（建筑工程费＋安装工程费＋拆除工程费）×4.5%	11404
3	项目技术服务费		50565
3.1	前期工作及评审费	（建筑工程费＋安装工程费）×2.75%	6568
3.2	工程勘察设计费		42114
3.2.2	设计费	设计费×100%	42114
3.3	初步设计文件评审费	基本设计费×3.5%	1249
3.4	工程结算编制审查费	（建筑工程费＋安装工程费＋拆除工程费）×0.25%	634
	小计		75017

6.1.4 典型方案电气设备材料表

典型方案 A3-1 电气设备材料表见表 6-7。

表 6-7   典型方案 A3-1 电气设备材料表

序号	设备或材料名称	单位	数量	备注
	安装工程			
四	控制及直流系统			
1	监控或监测系统			
1.1	计算机监控系统			

续表

序号	设备或材料名称	单位	数量	备注
500109210	低压电力电缆，YJV，铜，185/95，3+1芯，ZC，22，普通	km	0.450	
500017121	网络线，超5类，屏蔽	m	100	
500061242	软铜绞线，TJR1，100	t	0.036	
五	站用电系统			
1	站用变压器			
1.1	变压器本体			
500089405	消弧线圈接地变压器成套装置，AC 10kV，1200kVA，干式，165A，调匝	套	1	
100000012	110kV 变电站控制电缆	km	0.500	
500014823	布电线，BVR，铜，2.5，1	km	0.020	
500028603	铜排，TMY，50×5	t	0.028	
500108302	电力电缆，AC 10kV，YJV，240，3，22，ZC，无阻水	km	0.100	
500109640	低压电力电缆，YJV，铜，35/16，4+1芯，ZC，22，普通	km	0.200	
500021021	10kV 电缆终端，3×240，户外终端，冷缩，铜	个	1	
500021060	10kV 电缆终端，3×240，户内终端，冷缩，铜	个	1	
六	电缆防护设施			
2	电缆防火			
500011727	防火涂料	t	0.003	
500011738	防火堵料	t	0.006	
七	全站接地			
1	接地网			
500011000	扁钢，60mm，8mm，Q235-A	t	0.023	

6.1.5 典型方案工程量表

典型方案 A3-1 工程量见表 6-8。

表 6-8　　　　　　　　　　　　　　**典型方案 A3-1 工程量表**

序号	项目名称	单位	数量	备注
	建筑工程			
二	主变压器及配电装置建筑			
6	站用变压器系统			
6.1	站用变压器设备基础			
GJ2-10	设备基础　变压器基础	m³	15	
GJ7-11	普通钢筋	t	0.769	
	安装工程			
四	控制及直流系统			

序号	项目名称	单位	数量	备注
1	监控或监测系统			
1.1	计算机监控系统			
GQ4-1	控制屏柜安装	块	1	
GQ6-1	全站电缆敷设 电力电缆 6kV 以下 全站	100m	4.500	
GT7-1	布放设备电缆 布放线缆	100m	1	
五	站用电系统			
1	站用变压器			
1.1	变压器本体			
GQ2-273	中性点接地成套装置安装 接地变压器、消弧线圈柜 20kV 以下	台	1	
调 GQ3-37 R×1.4 C×1.4 J×1.4	矩形母线安装 截面（mm^2）360	m	20	
GQ6-1	全站电缆敷设 电力电缆 6kV 以下 全站	100m	2	
GQ6-2	全站电缆敷设 电力电缆 6kV 以上 全站	100m	1	
GQ6-3	全站电缆敷设 控制电缆 全站	100m	5	
六	电缆防护设施			
2	电缆防火			
GQ6-10	电缆防火安装 防火堵料	t	0.006	
GQ6-11	电缆防火安装 防火涂料	t	0.003	
九	调试			
1	分系统调试			
调 JS1-5 R×0.1 C×0.1 J×0.1	三相电力变压器（容量）2000kVA	系统	1	
调 JS1-75 R×0.1 C×0.1 J×0.1	变电站监控系统 110kV	套	1	
2	特殊调试			
JS3-53	互感器局部放电试验 35kV	台	1	
JS3-60	互感器耐压试验 35kV	台	1	
JS3-119	电流互感器误差试验 10kV	组	0.333	
JS3-132	电压互感器误差试验 10kV	组	0.333	
	拆除工程			

序号	项目名称	单位	数量	备注
一	建筑拆除			
2	主变压器及配电装置建筑			
2.6	站用变压器系统			
调 GJ1-6 R×20 C×20 J×20	机械施工土方　土方运距　每增加 1km	m³	30	
YJ21-9	拆除钢筋混凝土　基础	m³	15	
二	安装拆除			
4	控制及直流系统			
4.1	监控或监测系统			
CQ4-1	控制保护屏拆除　保护二次屏（柜）	台	1	
CQ6-23	电缆拆除　截面积（mm² 以内）35	100m	8	
5	站用电系统			
5.1	站用变压器			
CQ2-299	中性点接地成套装置拆除　接地变压器、消弧线圈柜 20kV 以下	台	1	

第7章 更换隔离开关

更换隔离开关典型方案共12个：按照电压等级、设备形式、接地方式分为35～500kV（330kV除外）不同类型的典型方案。所有典型方案的工作范围只包含隔离开关本体，不包含隔离开关三侧配电装置，不包含相应二次设备更换。

7.1 A4-1更换35kV双柱水平旋转双接地隔离开关

7.1.1 典型方案主要内容

本典型方案为1组35kV双柱水平旋转双接地隔离开关（三相为1组）更换。内容包括：一次、二次设备引线拆除、安装；隔离开关拆除及安装；隔离开关基础拆除、安装；隔离开关一次、二次调试；设备防污闪喷涂。

7.1.2 典型方案主要技术条件

典型方案A4-1主要技术条件见表7-1。

表7-1 典型方案A4-1主要技术条件

方案名称	工程主要技术条件	
更换35kV双柱水平旋转双接地隔离开关	结构型式	双柱水平旋转
	额定电压（kV）	35
	额定电流（A）	2500
	额定短时耐受电流（kA）	31.5
	接地方式	双接地
	操作型式	手动
	安装场所	户外

7.1.3 典型方案概算书

概算投资为总投资，编制依据按3.2要求。典型方案A4-1概算书包括总概算汇总表、安装工程专业汇总表、建筑工程专业汇总表、拆除工程专业汇总表、其他费用概算表，分别见表7-2～表7-6。

表7-2 典型方案A4-1总概算汇总表　　　　　　　　金额单位：万元

序号	工程或费用名称	金额	占工程总投资的比例（%）
一	建筑工程费	0.96	17.34

续表

序号	工程或费用名称	金额	占工程总投资的比例（%）
二	安装工程费	0.62	11.28
三	拆除工程费	0.31	5.62
四	设备购置费	3.02	54.63
五	其中：编制基准期价差	0.03	0.58
	小计	4.91	88.87
六	其他费用	0.62	11.13
七	基本预备费		
八	工程静态投资合计	5.53	100.00
九	可抵扣增值税金额		

表 7-3　　　　　典型方案 A4-1 安装工程专业汇总表　　　　金额单位：元

序号	工程或费用名称	安装工程费			设备购置费	合计
		主要材料费	安装费	小计		
	安装工程	3068	3169	6236	30210	36446
二	配电装置	3068	2667	5734	30210	35944
2	屋外配电装置	3068	2667	5734	30210	35944
2.1	35kV 配电装置	3068	2667	5734	30210	35944
九	调试		502	502		502
1	分系统调试		244	244		244
2	启动调试		258	258		258
	其中：编制基准期价差		101	101		101
	合计	3068	3169	6236	30210	36446

表 7-4　　　　　典型方案 A4-1 建筑工程专业汇总表　　　　金额单位：元

序号	工程或费用名称	设备费	主要材料费	建筑费	建筑工程费合计
	建筑工程		5934	3656	9590
二	主变压器及配电装置建筑		5934	3656	9590
2	35kV 构架及设备基础		5934	3656	9590
2.2	设备支架及基础		5934	3656	9590
	其中：编制基准期价差		2	102	104
	合计		5934	3656	9590

表 7-5　　　　　典型方案 A4-1 拆除工程专业汇总表　　　　金额单位：元

序号	工程或费用名称	拆除工程费
	拆除工程	3108
一	建筑拆除	2169

续表

序号	工程或费用名称	拆除工程费
2	主变压器及配电装置建筑	2169
2.2	35kV 构架及设备基础	2169
二	安装拆除	940
2	配电装置	940
2.2	屋外配电装置	940
	其中：编制基准期价差	114
	合计	3108

表 7-6 　　　　　　　　　　典型方案 A4-1 其他费用概算表 　　　　　　金额单位：元

序号	工程或费用名称	编制依据及计算说明	合价
2	项目管理费		1756
2.1	管理经费	（建筑工程费＋安装工程费）×3.5%	554
2.2	招标费	（建筑工程费＋安装工程费＋拆除工程费）×1.85%	350
2.3	工程监理费	（建筑工程费＋安装工程费＋拆除工程费）×4.5%	852
3	项目技术服务费		4398
3.1	前期工作及评审费	（建筑工程费＋安装工程费）×2.75%	435
3.2	工程勘察设计费		3803
3.2.2	设计费	设计费×100%	3803
3.3	初步设计文件评审费	基本设计费×3.5%	113
3.4	工程结算编制审查费	（建筑工程费＋安装工程费＋拆除工程费）×0.25%	47
	小计		6154

7.1.4　典型方案电气设备材料表

典型方案 A4-1 电气设备材料表见表 7-7。

表 7-7 　　　　　　　　　　　　典型方案 A4-1 电气设备材料表

序号	设备或材料名称	单位	数量	备注
	安装工程			
二	配电装置			
2	屋外配电装置			
2.1	35kV 配电装置			
500004120	35kV 三相隔离开关，2500A，31.5kA，手动双柱水平旋转，双接地	组	1	
100000001	35kV 软导线引下线	组（三相）	1	
100000005	35kV 软导线设备连线	组（三相）	1	
100000010	35kV 变电站控制电缆	km	0.060	

序号	设备或材料名称	单位	数量	备注
500014823	布电线，BVR，铜，2.5，1	km	0.010	
500033083	布电线，BVR，铜，2.5，4	km	0.010	
500033976	电缆保护管，钢管，ϕ50	t	0.052	
500011755	绝缘涂料，PRTV	t	0.009	
500052233	软铜绞线，TJR1，120	t	0.001	

7.1.5 典型方案工程量表

典型方案 A4-1 工程量见表 7-8。

表 7-8   **典型方案 A4-1 工程量表**

序号	项目名称	单位	数量	备注
	建筑工程			
二	主变压器及配电装置建筑			
2	35kV 构架及设备基础			
2.2	设备支架及基础			
GJ2-8	独立基础 钢筋混凝土基础	m³	3	
GJ7-11	普通钢筋	t	0.315	
GJ9-18	不含土方、基础、支架 钢管设备支架	t	0.400	
	地脚螺栓	t	0.090	
	安装工程			
二	配电装置			
2	屋外配电装置			
2.1	35kV 配电装置			
GQ2-63	户外双柱式隔离开关安装 35kV 三相	组	1	
GQ6-3	全站电缆敷设 控制电缆 全站	100m	0.600	
九	调试			
1	分系统调试			
调 JS1-27 R×0.1 C×0.1 J×0.1	配电装置系统 35kV	间隔	1	
2	启动调试			
调 JS2-12 R×0.6 C×0.6 J×0.6	配电装置试运 高压间隔设备 35kV	间隔	1	
	拆除工程			

续表

序号	项目名称	单位	数量	备注
一	建筑拆除			
2	主变压器及配电装置建筑			
2.2	35kV 构架及设备基础			
调 GJ1-6 R×20 C×20 J×20	机械施工土方　土方运距　每增加 1km	m³	6	
YJ21-9	拆除钢筋混凝土　基础	m³	3	
YJ21-35	拆除钢构支架	t	0.400	
二	安装拆除			
2	配电装置			
2.2	屋外配电装置			
CQ2-72	户外双柱式隔离开关拆除 35kV 三相	组	1	
CQ3-35	引下线、跳线及设备连引线拆除 35～220kV（截面 mm² 以下）1000	组／三相	2	
CQ6-22	电缆拆除　截面积（mm² 以内）10	100m	0.600	

7.2　A4-2 更换 66kV 双柱水平旋转单接地隔离开关

7.2.1　典型方案主要内容

本典型方案为 1 组 66kV 双柱水平旋转单接地隔离开关（三相为 1 组）更换。内容包括：一次、二次设备引线拆除、安装；隔离开关拆除及安装；隔离开关基础拆除、安装；隔离开关一次、二次调试；设备防污闪喷涂。

7.2.2　典型方案主要技术条件

典型方案 A4-2 主要技术条件见表 7-9。

表 7-9　　　　典型方案 A4-2 主要技术条件

方案名称	工程主要技术条件	
更换 66kV 双柱水平旋转单接地隔离开关	结构型式	双柱水平旋转
	额定电压（kV）	66
	额定电流（A）	1250
	额定短时耐受电流（kA）	31.5
	接地方式	单接地
	操作型式	自动并可手动
	安装场所	户外

7.2.3 典型方案概算书

概算投资为总投资，编制依据按 3.2 要求。典型方案 A4-2 概算书包括总概算汇总表、安装工程专业汇总表、建筑工程专业汇总表、拆除工程专业汇总表、其他费用概算表，分别见表 7-10～表 7-14。

表 7-10 典型方案 A4-2 总概算汇总表　　　　金额单位：万元

序号	工程或费用名称	金额	占工程总投资的比例（%）
一	建筑工程费	0.96	14.86
二	安装工程费	1.75	27.10
三	拆除工程费	0.33	5.04
四	设备购置费	2.60	40.28
五	其中：编制基准期价差	0.04	0.58
	小计	5.63	87.28
六	其他费用	0.82	12.72
七	基本预备费		
八	工程静态投资合计	6.45	100.00
九	可抵扣增值税金额		

表 7-11 典型方案 A4-2 安装工程专业汇总表　　　　金额单位：元

序号	工程或费用名称	安装工程费			设备购置费	合计
		主要材料费	安装费	小计		
	安装工程	12787	4704	17491	25998	43489
二	配电装置	12787	3339	16126	25998	42123
2	屋外配电装置	12787	3339	16126	25998	42123
2.1	66kV 配电装置	12787	3339	16126	25998	42123
九	调试		1366	1366		1366
1	分系统调试		1045	1045		1045
2	启动调试		321	321		321
	其中：编制基准期价差		150	150		150
	合计	12787	4704	17491	25998	43489

表 7-12 典型方案 A4-2 建筑工程专业汇总表　　　　金额单位：元

序号	工程或费用名称	设备费	主要材料费	建筑费	建筑工程费合计
	建筑工程		5934	3656	9590
二	主变压器及配电装置建筑		5934	3656	9590
2	66kV 构架及设备基础		5934	3656	9590

序号	工程或费用名称	设备费	主要材料费	建筑费	建筑工程费合计
2.2	设备支架及基础		5934	3656	9590
	其中： 编制基准期价差		2	102	104
	合计		5934	3656	9590

表 7-13   **典型方案 A4-2 拆除工程专业汇总表**   金额单位：元

序号	工程或费用名称	拆除工程费
	拆除工程	3251
一	建筑拆除	2169
2	主变压器及配电装置建筑	2169
2.2	66kV 构架及设备基础	2169
二	安装拆除	1083
2	配电装置	1083
2.2	屋外配电装置	1083
	其中： 编制基准期价差	120
	合计	3251

表 7-14   **典型方案 A4-2 其他费用概算表**   金额单位：元

序号	工程或费用名称	编制依据及计算说明	合价
2	项目管理费		2874
2.1	管理经费	（建筑工程费＋安装工程费）×3.5%	948
2.2	招标费	（建筑工程费＋安装工程费＋拆除工程费）×1.85%	561
2.3	工程监理费	（建筑工程费＋安装工程费＋拆除工程费）×4.5%	1365
3	项目技术服务费		5335
3.1	前期工作及评审费	（建筑工程费＋安装工程费）×2.75%	745
3.2	工程勘察设计费		4384
3.2.2	设计费	设计费×100%	4384
3.3	初步设计文件评审费	基本设计费×3.5%	130
3.4	工程结算编制审查费	（建筑工程费＋安装工程费＋拆除工程费）×0.25%	76
	小计		8209

7.2.4 典型方案电气设备材料表

典型方案 A4-2 电气设备材料表见表 7-15。

表 7-15　　　　　　　　　　　　典型方案 A4-2 电气设备材料表

序号	设备或材料名称	单位	数量	备注
	安装工程			
二	配电装置			
2	屋外配电装置			
2.1	66kV 配电装置			
500038616	66kV 三相隔离开关，1250A，31.5kA，电动双柱水平旋转，单接地	组	1	
100000002	110kV　软导线引下线	组（三相）	1	
100000006	110kV　软导线设备连线	组（三相）	1	
100000011	66kV　变电站控制电缆	km	0.06	
500014823	布电线，BVR，铜，2.5，1	km	0.01	
500033083	布电线，BVR，铜，2.5，4	km	0.01	
500033976	电缆保护管，钢管，ϕ50	t	0.052	
500011755	绝缘涂料，PRTV	t	0.12	
500052233	软铜绞线，TJR1，120	t	0.001	

7.2.5　典型方案工程量表

典型方案 A4-2 工程量见表 7-16。

表 7-16　　　　　　　　　　　　典型方案 A4-2 工程量表

序号	项目名称	单位	数量	备注
	建筑工程			
二	主变压器及配电装置建筑			
2	66kV 构架及设备基础			
2.2	设备支架及基础			
GJ2-8	独立基础　钢筋混凝土基础	m³	3	
GJ7-11	普通钢筋	t	0.315	
GJ9-18	不含土方、基础、支架　钢管设备支架	t	0.400	
	地脚螺栓	t	0.090	
	安装工程			
二	配电装置			
2	屋外配电装置			
2.1	66kV 配电装置			
调 GQ2-68 R×0.88 C×0.88 J×0.88	户外双柱式隔离开关安装 110kV　三相带接地	组	1	

续表

序号	项目名称	单位	数量	备注
GQ6-3	全站电缆敷设 控制电缆 全站	100m	0.600	
九	调试			
1	分系统调试			
调 JS1-26 R × 0.264 C × 0.264 J × 0.264	配电装置系统 110kV	间隔	1	
2	启动调试			
调 JS2-11 R × 0.264 C × 0.264 J × 0.264	配电装置试运 高压间隔设备 110kV	间隔	1	
	拆除工程			
一	建筑拆除			
2	主变压器及配电装置建筑			
2.2	66kV 构架及设备基础			
调 GJ1-6 R × 20 C × 20 J × 20	机械施工土方 土方运距 每增加 1km	m³	6	
YJ21-9	拆除钢筋混凝土 基础	m³	3	
YJ21-35	拆除钢构支架	t	0.40	
二	安装拆除			
2	配电装置			
2.2	屋外配电装置			
调 CQ2-77 R × 0.88 C × 0.88 J × 0.88	户外双柱式隔离开关拆除 110kV 三相带接地	组	1	
CQ3-35	引下线、跳线及设备连引线拆除 35～220kV （截面 mm² 以下）1000	组／三相	2	
CQ6-22	电缆拆除 截面积（mm² 以内）10	100m	0.60	

7.3　A4-3 更换 110kV 双柱水平旋转单接地隔离开关

7.3.1　典型方案主要内容

本典型方案为 1 组 110kV 双柱水平旋转单接地隔离开关（三相为 1 组）更换。内容包括：一次、二次设备引线拆除、安装；隔离开关拆除及安装；隔离开关基础拆除、安装；隔离开关一次、二次调试；设备防污闪喷涂。

7.3.2　典型方案主要技术条件

典型方案 A4-3 主要技术条件见表 7-17。

表 7-17　　　　　　　　　**典型方案 A4-3 主要技术条件**

方案名称	工程主要技术条件	
更换 110kV 双柱水平旋转单接地隔离开关	结构型式	双柱水平旋转
	额定电压（kV）	110
	额定电流（A）	2000
	额定短时耐受电流（kA）	40
	接地方式	单接地
	操作型式	手动
	安装场所	户外

7.3.3　典型方案概算书

概算投资为总投资，编制依据按 3.2 要求。典型方案 A4-3 概算书包括总概算汇总表、安装工程专业汇总表、建筑工程专业汇总表、拆除工程专业汇总表、其他费用概算表，分别见表 7-18～表 7-22。

表 7-18　　　　　　　　　**典型方案 A4-3 总概算汇总表**　　　　　金额单位：万元

序号	工程或费用名称	金额	占工程总投资的比例（%）
一	建筑工程费	0.96	19.85
二	安装工程费	0.91	18.76
三	拆除工程费	0.33	6.88
四	设备购置费	2.04	42.22
五	其中：编制基准期价差	0.04	0.76
	小计	4.24	87.71
六	其他费用	0.59	12.29
七	基本预备费		
八	工程静态投资合计	4.83	100.00
九	可抵扣增值税金额		

表 7-19　　　　　　　　　**典型方案 A4-3 安装工程专业汇总表**　　　　　金额单位：元

序号	工程或费用名称	安装工程费			设备购置费	合计
		主要材料费	安装费	小计		
	安装工程	4615	4446	9061	20393	29454
二	配电装置	4615	3685	8301	20393	28693

序号	工程或费用名称	安装工程费			设备购置费	合计
		主要材料费	安装费	小计		
2	屋外配电装置	4615	3685	8301	20393	28693
2.1	110kV 配电装置	4615	3685	8301	20393	28693
九	调试		760	760		760
1	分系统调试		396	396		396
2	启动调试		365	365		365
	其中：编制基准期价差		140	140		140
	合计	4615	4446	9061	20393	29454

表 7-20 　　　　　　　　　　**典型方案 A4-3 建筑工程专业汇总表**　　　　　　金额单位：元

序号	工程或费用名称	设备费	主要材料费	建筑费	建筑工程费合计
	建筑工程		5934	3656	9590
二	主变压器及配电装置建筑		5934	3656	9590
2	110kV 构架及设备基础		5934	3656	9590
2.2	设备支架及基础		5934	3656	9590
	其中：编制基准期价差		2	102	104
	合计		5934	3656	9590

表 7-21 　　　　　　　　　　**典型方案 A4-3 拆除工程专业汇总表**　　　　　　金额单位：元

序号	工程或费用名称	拆除工程费
	拆除工程	3324
一	建筑拆除	2169
2	主变压器及配电装置建筑	2169
2.2	110kV 构架及设备基础	2169
二	安装拆除	1155
2	配电装置	1155
2.2	屋外配电装置	1155
	其中：编制基准期价差	123
	合计	3324

表 7-22 　　　　　　　　　　**典型方案 A4-3 其他费用概算表**　　　　　　金额单位：元

序号	工程或费用名称	编制依据及计算说明	合价
2	项目管理费		2048
2.1	管理经费	（建筑工程费＋安装工程费）×3.5%	653
2.2	招标费	（建筑工程费＋安装工程费＋拆除工程费）×1.85%	407
2.3	工程监理费	（建筑工程费＋安装工程费＋拆除工程费）×4.5%	989

续表

序号	工程或费用名称	编制依据及计算说明	合价
3	项目技术服务费		3889
3.1	前期工作及评审费	（建筑工程费＋安装工程费）×2.75%	513
3.2	工程勘察设计费		3225
3.2.2	设计费	设计费×100%	3225
3.3	初步设计文件评审费	基本设计费×3.5%	96
3.4	工程结算编制审查费	（建筑工程费＋安装工程费＋拆除工程费）×0.25%	55
	小计		5937

7.3.4 典型方案电气设备材料表

典型方案 A4-3 电气设备材料表见表 7-23。

表 7-23　　　　　　　　　典型方案 A4-3 电气设备材料表

序号	设备或材料名称	单位	数量	备注
	安装工程			
二	配电装置			
2	屋外配电装置			
2.1	110kV 配电装置			
500003852	110kV 三相隔离开关，2000A，40kA，手动双柱水平旋转，单接地	组	1	
100000002	110kV 软导线引下线	组（三相）	1	
100000006	110kV 软导线设备连线	组（三相）	1	
100000012	110kV 变电站控制电缆	km	0.060	
500014823	布电线，BVR，铜，2.5，1	km	0.010	
500033083	布电线，BVR，铜，2.5，4	km	0.010	
500033976	电缆保护管，钢管，ϕ50	t	0.052	
500011755	绝缘涂料，PRTV	t	0.018	
500052233	软铜绞线，TJR1，120	t	0.001	

7.3.5 典型方案工程量表

典型方案 A4-3 工程量见表 7-24。

表 7-24　　　　　　　　　典型方案 A4-3 工程量表

序号	项目名称	单位	数量	备注
	建筑工程			
二	主变压器及配电装置建筑			
2	110kV 构架及设备基础			

续表

序号	项目名称	单位	数量	备注
2.2	设备支架及基础			
GJ2-8	独立基础 钢筋混凝土基础	m³	3	
GJ7-11	普通钢筋	t	0.315	
GJ9-18	不含土方、基础、支架 钢管设备支架	t	0.400	
	地脚螺栓	t	0.090	
	安装工程			
二	配电装置			
2	屋外配电装置			
2.1	110kV 配电装置			
GQ2-68	户外双柱式隔离开关安装 110kV 三相带接地	组	1	
GQ6-3	全站电缆敷设 控制电缆 全站	100m	0.600	
九	调试			
1	分系统调试			
调 JS1-26 R×0.1 C×0.1 J×0.1	配电装置系统 110kV	间隔	1	
2	启动调试			
调 JS2-11 R×0.1 C×0.1 J×0.1	配电装置试运 高压间隔设备 110kV	间隔	1	
	拆除工程			
一	建筑拆除			
2	主变压器及配电装置建筑			
2.2	110kV 构架及设备基础			
调 GJ1-6 R×20 C×20 J×20	机械施工土方 土方运距 每增加 1km	m³	6	
YJ21-9	拆除钢筋混凝土 基础	m³	3	
YJ21-35	拆除钢构支架	t	0.400	
二	安装拆除			
2	配电装置			
2.2	屋外配电装置			
CQ2-77	户外双柱式隔离开关拆除 110kV 三相带接地	组	1	

序号	项目名称	单位	数量	备注
CQ3-35	引下线、跳线及设备连引线拆除 35～220kV（截面 mm² 以下）1000	组／三相	2	
CQ6-22	电缆拆除　截面积（mm² 以内）10	100m	0.600	

7.4　A4-4 更换 220kV 三柱水平旋转单接地隔离开关

7.4.1　典型方案主要内容

本典型方案为 1 组 220kV 三柱水平旋转单接地隔离开关（三相为 1 组）更换。内容包括：一次、二次设备引线拆除、安装；隔离开关拆除及安装；隔离开关基础拆除、安装；隔离开关一次、二次调试；设备防污闪喷涂。

7.4.2　典型方案主要技术条件

典型方案 A4-4 主要技术条件见表 7-25。

表 7-25　　　　　　　　典型方案 A4-4 主要技术条件

方案名称	工程主要技术条件	
更换 220kV 三柱水平旋转单接地隔离开关	结构型式	三柱水平旋转
	额定电压（kV）	220
	额定电流（A）	3150
	额定短时耐受电流（kA）	50
	接地方式	单接地
	操作型式	自动并可手动
	安装场所	户外

7.4.3　典型方案概算书

概算投资为总投资，编制依据按 3.2 要求。典型方案 A4-4 概算书包括总概算汇总表、安装工程专业汇总表、建筑工程专业汇总表、拆除工程专业汇总表、其他费用概算表，分别见表 7-26～表 7-30。

表 7-26　　　　　　　　典型方案 A4-4 总概算汇总表　　　　　　　金额单位：万元

序号	工程或费用名称	金额	占工程总投资的比例（%）
一	建筑工程费	2.88	20.40
二	安装工程费	1.78	12.59
三	拆除工程费	0.88	6.21
四	设备购置费	6.93	49.17
五	其中：编制基准期价差	0.09	0.65

续表

序号	工程或费用名称	金额	占工程总投资的比例（%）
	小计	12.46	88.36
六	其他费用	1.64	11.64
七	基本预备费		
八	工程静态投资合计	14.10	100.00
九	可抵扣增值税金额		

表 7-27   **典型方案 A4-4 安装工程专业汇总表**   金额单位：元

序号	工程或费用名称	安装工程费			设备购置费	合计
		主要材料费	安装费	小计		
	安装工程	8395	9361	17756	69334	87090
二	配电装置	8395	8241	16636	69334	85970
2	屋外配电装置	8395	8241	16636	69334	85970
2.1	220kV 配电装置	8395	8241	16636	69334	85970
九	调试		1120	1120		1120
1	分系统调试		609	609		609
2	启动调试		511	511		511
	其中：编制基准期价差		290	290		290
	合计	8395	9361	17756	69334	87090

表 7-28   **典型方案 A4-4 建筑工程专业汇总表**   金额单位：元

序号	工程或费用名称	设备费	主要材料费	建筑费	建筑工程费合计
	建筑工程		17801	10968	28768
二	主变压器及配电装置建筑		17801	10968	28768
2	220kV 构架及设备基础		17801	10968	28768
2.2	设备支架及基础		17801	10968	28768
	其中：编制基准期价差		6	306	313
	合计		17801	10968	28768

表 7-29   **典型方案 A4-4 拆除工程专业汇总表**   金额单位：元

序号	工程或费用名称	拆除工程费
	拆除工程	8751
一	建筑拆除	6506
2	主变压器及配电装置建筑	6506
2.2	220kV 构架及设备基础	6506
二	安装拆除	2245
2	配电装置	2245

续表

序号	工程或费用名称	拆除工程费
2.2	屋外配电装置	2245
	其中： 编制基准期价差	315
	合计	8751

表 7-30　　　　　　　　**典型方案 A4-4 其他费用概算表**　　　金额单位：元

序号	工程或费用名称	编制依据及计算说明	合价
2	项目管理费		5138
2.1	管理经费	（建筑工程费＋安装工程费）×3.5%	1628
2.2	招标费	（建筑工程费＋安装工程费＋拆除工程费）×1.85%	1023
2.3	工程监理费	（建筑工程费＋安装工程费＋拆除工程费）×4.5%	2487
3	项目技术服务费		11271
3.1	前期工作及评审费	（建筑工程费＋安装工程费）×2.75%	1279
3.2	工程勘察设计费		9570
3.2.2	设计费	设计费 ×100%	9570
3.3	初步设计文件评审费	基本设计费 ×3.5%	284
3.4	工程结算编制审查费	（建筑工程费＋安装工程费＋拆除工程费）×0.25%	138
	小计		16410

7.4.4　典型方案电气设备材料表

典型方案 A4-4 电气设备材料表见表 7-31。

表 7-31　　　　　　　　**典型方案 A4-4 电气设备材料表**

序号	设备或材料名称	单位	数量	备注
	安装工程			
二	配电装置			
2	屋外配电装置			
2.1	220kV 配电装置			
500001458	220kV 三相隔离开关，3150A，50kA，电动三柱水平旋转，单接地	组	1	
100000003	220kV 软导线引下线	组（三相）	1	
100000007	220kV 软导线设备连线	组（三相）	1	
100000013	220kV 变电站控制电缆	km	0.060	
500014823	布电线，BVR，铜，2.5，1	km	0.010	
500033083	布电线，BVR，铜，2.5，4	km	0.010	
500033976	电缆保护管，钢管，ϕ50	t	0.052	
500011755	绝缘涂料，PRTV	t	0.036	
500052233	软铜绞线，TJR1，120	t	0.001	

7.4.5 典型方案工程量表

典型方案 A4-4 工程量见表 7-32。

表 7-32 典型方案 A4-4 工程量表

序号	项目名称	单位	数量	备注
	建筑工程			
二	主变压器及配电装置建筑			
2	220kV 构架及设备基础			
2.2	设备支架及基础			
GJ2-8	独立基础 钢筋混凝土基础	m³	9	
GJ7-11	普通钢筋	t	0.944	
GJ9-18	不含土方、基础、支架 钢管设备支架	t	1.2	
	地脚螺栓	t	0.270	
	安装工程			
二	配电装置			
2	屋外配电装置			
2.1	220kV 配电装置			
GQ2-98	户外三柱式隔离开关安装 220kV 三相带接地	组	1	
GQ6-3	全站电缆敷设 控制电缆 全站	100m	0.600	
九	调试			
1	分系统调试			
调 JS1-27 R×0.1 C×0.1 J×0.1	配电装置系统 220kV	间隔	1	
2	启动调试			
调 JS2-12 R×0.1 C×0.1 J×0.1	配电装置试运 高压间隔设备 220kV	间隔	1	
	拆除工程			
一	建筑拆除			
2	主变压器及配电装置建筑			
2.2	220kV 构架及设备基础			
调 GJ1-6 R×20 C×20 J×20	机械施工土方 土方运距 每增加 1km	m³	18	

序号	项目名称	单位	数量	备注
YJ21-9	拆除钢筋混凝土 基础	m³	9	
YJ21-35	拆除钢构支架	t	1.2	
二	安装拆除			
2	配电装置			
2.2	屋外配电装置			
CQ2-107	户外三柱式隔离开关拆除 220kV 三相带接地	组	1	
CQ3-36	引下线、跳线及设备连引线拆除 35～220kV（截面 mm² 以下）1440	组/三相	2	
CQ6-22	电缆拆除 截面积（mm² 以内）10	100m	0.600	

7.5　A4-5 更换 220kV 三柱水平旋转双接地隔离开关

7.5.1　典型方案主要内容

本典型方案为 1 组 220kV 三柱水平旋转双接地隔离开关（三相为 1 组）更换。内容包括：一次、二次设备引线拆除、安装；隔离开关拆除及安装；隔离开关基础拆除、安装；隔离开关一次、二次调试；设备防污闪喷涂。

7.5.2　典型方案主要技术条件

典型方案 A4-5 主要技术条件见表 7-33。

表 7-33　　　　　　　　　　　典型方案 A4-5 主要技术条件

方案名称	工程主要技术条件	
	结构型式	三柱水平旋转
	额定电压（kV）	220
	额定电流（A）	3150
更换 220kV 三柱水平旋转双接地隔离开关	额定短时耐受电流（kA）	50
	接地方式	双接地
	操作型式	自动并可手动
	安装场所	户外

7.5.3　典型方案概算书

概算投资为总投资，编制依据按 3.2 要求。典型方案 A4-5 概算书包括总概算汇总表、安装工程专业汇总表、建筑工程专业汇总表、拆除工程专业汇总表、其他费用概算表，分别见表 7-34～表 7-38。

表 7-34 　　　　　　　　　 **典型方案 A4-5 总概算汇总表** 　　　　　 金额单位：万元

序号	工程或费用名称	金额	占工程总投资的比例（%）
一	建筑工程费	2.88	19.22
二	安装工程费	1.83	12.21
三	拆除工程费	0.88	5.90
四	设备购置费	7.67	51.22
五	其中：编制基准期价差	0.09	0.63
	小计	13.25	88.54
六	其他费用	1.71	11.46
七	基本预备费		
八	工程静态投资合计	14.97	100.00
九	可抵扣增值税金额		

表 7-35 　　　　　　　　　 **典型方案 A4-5 安装工程专业汇总表** 　　　 金额单位：元

序号	工程或费用名称	安装工程费			设备购置费	合计
		主要材料费	安装费	小计		
	安装工程	8395	9876	18271	76653	94924
二	配电装置	8395	8756	17151	76653	93804
2	屋外配电装置	8395	8756	17151	76653	93804
2.1	220kV 配电装置	8395	8756	17151	76653	93804
九	调试		1120	1120		1120
1	分系统调试		609	609		609
2	启动调试		511	511		511
	其中：编制基准期价差		308	308		308
	合计	8395	9876	18271	76653	94924

表 7-36 　　　　　　　　　 **典型方案 A4-5 建筑工程专业汇总表** 　　　 金额单位：元

序号	工程或费用名称	设备费	主要材料费	建筑费	建筑工程费合计
	建筑工程		17801	10968	28768
二	主变压器及配电装置建筑		17801	10968	28768
2	220kV 构架及设备基础		17801	10968	28768
2.2	设备支架及基础		17801	10968	28768
	其中：编制基准期价差		6	306	313
	合计		17801	10968	28768

表 7-37 　　　　　　　　　　典型方案 A4-5 拆除工程专业汇总表 　　　　金额单位：元

序号	工程或费用名称	拆除工程费
	拆除工程	8828
一	建筑拆除	6506
2	主变压器及配电装置建筑	6506
2.2	220kV 构架及设备基础	6506
二	安装拆除	2322
2	配电装置	2322
2.2	屋外配电装置	2322
	其中：编制基准期价差	319
	合计	8828

表 7-38 　　　　　　　　　　典型方案 A4-5 其他费用概算表 　　　　金额单位：元

序号	工程或费用名称	编制依据及计算说明	合价
2	项目管理费		5194
2.1	管理经费	（建筑工程费＋安装工程费）×3.5%	1646
2.2	招标费	（建筑工程费＋安装工程费＋拆除工程费）×1.85%	1034
2.3	工程监理费	（建筑工程费＋安装工程费＋拆除工程费）×4.5%	2514
3	项目技术服务费		11953
3.1	前期工作及评审费	（建筑工程费＋安装工程费）×2.75%	1294
3.2	工程勘察设计费		10217
3.2.2	设计费	设计费 ×100%	10217
3.3	初步设计文件评审费	基本设计费 ×3.5%	303
3.4	工程结算编制审查费	（建筑工程费＋安装工程费＋拆除工程费）×0.25%	140
	小计		17147

7.5.4 典型方案电气设备材料表

典型方案 A4-5 电气设备材料表见表 7-39。

表 7-39 　　　　　　　　　　典型方案 A4-5 电气设备材料表

序号	设备或材料名称	单位	数量	备注
	安装工程			
二	配电装置			
2	屋外配电装置			
2.1	220kV 配电装置			
500004080	220kV 三相隔离开关，3150A，50kA，电动三柱水平旋转，双接地	组	1	
100000003	220kV 软导线引下线	组（三相）	1	

续表

序号	设备或材料名称	单位	数量	备注
100000007	220kV 软导线设备连线	组（三相）	1	
100000013	220kV 变电站控制电缆	km	0.060	
500014823	布电线，BVR，铜，2.5，1	km	0.010	
500033083	布电线，BVR，铜，2.5，4	km	0.010	
500033976	电缆保护管，钢管，φ50	t	0.052	
500011755	绝缘涂料，PRTV	t	0.036	
500052233	软铜绞线，TJR1，120	t	0.001	

7.5.5　典型方案工程量表

典型方案 A4-5 工程量见表 7-40。

表 7-40　　　　　　　　　**典型方案 A4-5 工程量表**

序号	项目名称	单位	数量	备注
	建筑工程			
二	主变压器及配电装置建筑			
2	220kV 构架及设备基础			
2.2	设备支架及基础			
GJ2-8	独立基础　钢筋混凝土基础	m³	9	
GJ7-11	普通钢筋	t	0.944	
GJ9-18	不含土方、基础、支架　钢管设备支架	t	1.200	
	地脚螺栓	t	0.270	
	安装工程			
二	配电装置			
2	屋外配电装置			
2.1	220kV 配电装置			
GQ2-99	户外三柱式隔离开关安装 220kV 三相带双接地	组	1	
GQ6-3	全站电缆敷设　控制电缆　全站	100m	0.600	
九	调试			
1	分系统调试			
调 JS1-27 R×0.1 C×0.1 J×0.1	配电装置系统 220kV	间隔	1	
2	启动调试			
调 JS2-12 R×0.1 C×0.1 J×0.1	配电装置试运 高压间隔设备 220kV	间隔	1	

续表

序号	项目名称	单位	数量	备注
	拆除工程			
一	建筑拆除			
2	主变压器及配电装置建筑			
2.2	220kV 构架及设备基础			
调 GJ1-6 R×20 C×20 J×20	机械施工土方 土方运距 每增加 1km	m³	18	
YJ21-9	拆除钢筋混凝土 基础	m³	9	
YJ21-35	拆除钢构支架	t	1.200	
二	安装拆除			
2	配电装置			
2.2	屋外配电装置			
CQ2-108	户外三柱式隔离开关拆除 220kV 三相带双接地	组	1	
CQ3-36	引下线、跳线及设备连引线拆除 35~220kV（截面 mm² 以下）1440	组/三相	2	
CQ6-22	电缆拆除 截面积（mm² 以内）10	100m	0.6	

7.6 A4-6 更换 220kV 三柱水平旋转不接地隔离开关

7.6.1 典型方案主要内容

本典型方案为 1 组 220kV 三柱水平旋转不接地隔离开关（三相为 1 组）更换。内容包括：一次、二次设备引线拆除、安装；隔离开关拆除及安装；隔离开关基础拆除、安装；隔离开关一次、二次调试；设备防污闪喷涂。

7.6.2 典型方案主要技术条件

典型方案 A4-6 主要技术条件见表 7-41。

表 7-41 典型方案 A4-6 主要技术条件

方案名称	工程主要技术条件	
更换 220kV 三柱水平旋转不接地隔离开关	结构型式	三柱水平旋转
	额定电压（kV）	220
	额定电流（A）	3150
	额定短时耐受电流（kA）	50
	接地方式	不接地
	操作型式	自动并可手动
	安装场所	户外

7.6.3 典型方案概算书

概算投资为总投资，编制依据按 3.2 要求。典型方案 A4-6 概算书包括总概算汇总表、安装工程专业汇总表、建筑工程专业汇总表、拆除工程专业汇总表、其他费用概算表，分别见表 7-42～表 7-46。

表 7-42 　　　　　　　　　　**典型方案 A4-6 总概算汇总表** 　　　　　　　金额单位：万元

序号	工程或费用名称	金额	占工程总投资的比例（%）
一	建筑工程费	2.88	20.04
二	安装工程费	1.69	11.80
三	拆除工程费	0.86	5.99
四	设备购置费	7.27	50.67
五	其中：编制基准期价差	0.09	0.61
	小计	12.70	88.50
六	其他费用	1.65	11.50
七	基本预备费		
八	工程静态投资合计	14.36	100.00
九	可抵扣增值税金额		

表 7-43 　　　　　　　　　　**典型方案 A4-6 安装工程专业汇总表** 　　　　　　　金额单位：元

序号	工程或费用名称	安装工程费			设备购置费	合计
		主要材料费	安装费	小计		
	安装工程	8395	8542	16937	72742	89679
二	配电装置	8395	7422	15817	72742	88559
2	屋外配电装置	8395	7422	15817	72742	88559
2.1	220kV 配电装置	8395	7422	15817	72742	88559
九	调试		1120	1120		1120
1	分系统调试		609	609		609
2	启动调试		511	511		511
	其中：编制基准期价差		262	262		262
	合计	8395	8542	16937	72742	89679

表 7-44 　　　　　　　　　　**典型方案 A4-6 建筑工程专业汇总表** 　　　　　　　金额单位：元

序号	工程或费用名称	设备费	主要材料费	建筑费	建筑工程费合计
	建筑工程		17801	10968	28768
二	主变压器及配电装置建筑		17801	10968	28768
2	220kV 构架及设备基础		17801	10968	28768
2.2	设备支架及基础		17801	10968	28768

续表

序号	工程或费用名称	设备费	主要材料费	建筑费	建筑工程费合计
	其中：编制基准期价差		6	306	313
	合计		17801	10968	28768

表 7-45 典型方案 A4-6 拆除工程专业汇总表 金额单位：元

序号	工程或费用名称	拆除工程费
	拆除工程	8601
一	建筑拆除	6506
2	主变压器及配电装置建筑	6506
2.2	220kV 构架及设备基础	6506
二	安装拆除	2095
2	配电装置	2095
2.2	屋外配电装置	2095
	其中：编制基准期价差	308
	合计	8601

表 7-46 典型方案 A4-6 其他费用概算表 金额单位：元

序号	工程或费用名称	编制依据及计算说明	合价
2	项目管理费		5048
2.1	管理经费	（建筑工程费＋安装工程费）×3.5%	1600
2.2	招标费	（建筑工程费＋安装工程费＋拆除工程费）×1.85%	1005
2.3	工程监理费	（建筑工程费＋安装工程费＋拆除工程费）×4.5%	2444
3	项目技术服务费		11467
3.1	前期工作及评审费	（建筑工程费＋安装工程费）×2.75%	1257
3.2	工程勘察设计费		9784
3.2.2	设计费	设计费×100%	9784
3.3	初步设计文件评审费	基本设计费×3.5%	290
3.4	工程结算编制审查费	（建筑工程费＋安装工程费＋拆除工程费）×0.25%	136
	小计		16515

7.6.4 典型方案电气设备材料表

典型方案 A4-6 电气设备材料表见表 7-47。

表 7-47 典型方案 A4-6 电气设备材料表

序号	设备或材料名称	单位	数量	备注
	安装工程			
二	配电装置			

序号	设备或材料名称	单位	数量	备注
2	屋外配电装置			
2.1	220kV 配电装置			
500001457	220kV 三相隔离开关，3150A，50kA，电动三柱水平旋转，不接地	组	1	
100000003	220kV 软导线引下线	组（三相）	1	
100000007	220kV 软导线设备连线	组（三相）	1	
100000013	220kV 变电站控制电缆	km	0.06	
500014823	布电线，BVR，铜，2.5，1	km	0.01	
500033083	布电线，BVR，铜，2.5，4	km	0.01	
500033976	电缆保护管，钢管，ϕ50	t	0.052	
500011755	绝缘涂料，PRTV	t	0.036	
500052233	软铜绞线，TJR1，120	t	0.001	

7.6.5 典型方案工程量表

典型方案 A4-6 工程量见表 7-48。

表 7-48   **典型方案 A4-6 工程量表**

序号	项目名称	单位	数量	备注
	建筑工程			
二	主变压器及配电装置建筑			
2	220kV 构架及设备基础			
2.2	设备支架及基础			
GJ2-8	独立基础　钢筋混凝土基础	m³	9	
GJ7-11	普通钢筋	t	0.944	
GJ9-18	不含土方、基础、支架　钢管设备支架	t	1.2	
	地脚螺栓	t	0.27	
	安装工程			
二	配电装置			
2	屋外配电装置			
2.1	220kV 配电装置			
GQ2-97	户外三柱式隔离开关安装 220kV 三相	组	1	
GQ6-3	全站电缆敷设　控制电缆　全站	100m	0.6	
九	调试			
1	分系统调试			

续表

序号	项目名称	单位	数量	备注
调JS1-27 R×0.1 C×0.1 J×0.1	配电装置系统 220kV	间隔	1	
2	启动调试			
调JS2-12 R×0.1 C×0.1 J×0.1	配电装置试运 高压间隔设备 220kV	间隔	1	
	拆除工程			
一	建筑拆除			
2	主变压器及配电装置建筑			
2.2	220kV 构架及设备基础			
调GJ1-6 R×20 C×20 J×20	机械施工土方 土方运距 每增加 1km	m³	18	
YJ21-9	拆除钢筋混凝土 基础	m³	9	
YJ21-35	拆除钢构支架	t	1.2	
二	安装拆除			
2	配电装置			
2.2	屋外配电装置			
CQ2-106	户外三柱式隔离开关拆除 220kV 三相	组	1	
CQ3-36	引下线、跳线及设备连引线拆除 35～220kV （截面 mm² 以下）1440	组/三相	2	
CQ6-22	电缆拆除 截面积（mm² 以内）10	100m	0.6	

7.7 A4-7 更换 220kV 双柱水平旋转不接地隔离开关

7.7.1 典型方案主要内容

本典型方案为 1 组 220kV 双柱水平旋转不接地隔离开关（三相为 1 组）更换，内容包括：一次、二次设备引线拆除、安装；隔离开关拆除及安装；隔离开关基础拆除、安装；隔离开关一次、二次调试；设备防污闪喷涂。

7.7.2 典型方案主要技术条件

典型方案 A4-7 主要技术条件见表 7-49。

表 7-49 典型方案 A4-7 主要技术条件

方案名称	工程主要技术条件	
	结构型式	双柱水平旋转
更换 220kV 双柱水平旋转不接地隔离开关	额定电压（kV）	220
	额定电流（A）	2500
	额定短时耐受电流（kA）	50
	接地方式	不接地
	操作型式	自动并可手动
	安装场所	户外

7.7.3 典型方案概算书

概算投资为总投资，编制依据按 3.2 要求。典型方案 A4-7 概算书包括总概算汇总表、安装工程专业汇总表、建筑工程专业汇总表、拆除工程专业汇总表、其他费用概算表，分别见表 7-50～表 7-54。

表 7-50 典型方案 A4-7 总概算汇总表 金额单位：万元

序号	工程或费用名称	金额	占工程总投资的比例（%）
一	建筑工程费	2.88	24.08
二	安装工程费	1.78	14.94
三	拆除工程费	0.88	7.35
四	设备购置费	4.93	41.30
五	其中：编制基准期价差	0.09	0.78
	小计	10.48	87.67
六	其他费用	1.47	12.33
七	基本预备费		
八	工程静态投资合计	11.95	100.00
九	可抵扣增值税金额		

表 7-51 典型方案 A4-7 安装工程专业汇总表 金额单位：元

序号	工程或费用名称	安装工程费			设备购置费	合计
		主要材料费	安装费	小计		
一	安装工程	8395	9453	17848	49346	67194
二	配电装置	8395	8333	16728	49346	66074
2	屋外配电装置	8395	8333	16728	49346	66074
2.1	220kV 配电装置	8395	8333	16728	49346	66074
九	调试		1120	1120		1120
1	分系统调试		609	609		609

续表

序号	工程或费用名称	安装工程费			设备购置费	合计
		主要材料费	安装费	小计		
2	启动调试		511	511		511
	其中： 编制基准期价差		303	303		303
	合计	8395	9453	17848	49346	67194

表 7-52   **典型方案 A4-7 建筑工程专业汇总表**   金额单位：元

序号	工程或费用名称	设备费	主要材料费	建筑费	建筑工程费合计
	建筑工程		17801	10968	28768
二	主变压器及配电装置建筑		17801	10968	28768
2	220kV 构架及设备基础		17801	10968	28768
2.2	设备支架及基础		17801	10968	28768
	其中： 编制基准期价差		6	306	313
	合计		17801	10968	28768

表 7-53   **典型方案 A4-7 拆除工程专业汇总表**   金额单位：元

序号	工程或费用名称	拆除工程费
	拆除工程	8788
一	建筑拆除	6506
2	主变压器及配电装置建筑	6506
2.2	220kV 构架及设备基础	6506
二	安装拆除	2282
2	配电装置	2282
2.2	屋外配电装置	2282
	其中： 编制基准期价差	318
	合计	8788

表 7-54   **典型方案 A4-7 其他费用概算表**   金额单位：元

序号	工程或费用名称	编制依据及计算说明	合价
2	项目管理费		5150
2.1	管理经费	（建筑工程费＋安装工程费）×3.5%	1632
2.2	招标费	（建筑工程费＋安装工程费＋拆除工程费）×1.85%	1025
2.3	工程监理费	（建筑工程费＋安装工程费＋拆除工程费）×4.5%	2493
3	项目技术服务费		9582
3.1	前期工作及评审费	（建筑工程费＋安装工程费）×2.75%	1282
3.2	工程勘察设计费		7927

续表

序号	工程或费用名称	编制依据及计算说明	合价
3.2.2	设计费	设计费×100%	7927
3.3	初步设计文件评审费	基本设计费×3.5%	235
3.4	工程结算编制审查费	（建筑工程费＋安装工程费＋拆除工程费）×0.25%	139
	小计		14732

7.7.4 典型方案电气设备材料表

典型方案 A4-7 电气设备材料表见表 7-55。

表 7-55 典型方案 A4-7 电气设备材料表

序号	设备或材料名称	单位	数量	备注
	安装工程			
二	配电装置			
2	屋外配电装置			
2.1	220kV 配电装置			
500001319	220kV 三相隔离开关，2500A，50kA，电动双柱水平旋转，不接地	组	1	
100000003	220kV 软导线引下线	组（三相）	1	
100000007	220kV 软导线设备连线	组（三相）	1	
100000013	220kV 变电站控制电缆	km	0.060	
500014823	布电线，BVR，铜，2.5，1	km	0.010	
500033083	布电线，BVR，铜，2.5，4	km	0.010	
500033976	电缆保护管，钢管，ϕ50	t	0.052	
500011755	绝缘涂料，PRTV	t	0.036	
500052233	软铜绞线，TJR1，120	t	0.001	

7.7.5 典型方案工程量表

典型方案 A4-7 工程量见表 7-56。

表 7-56 典型方案 A4-7 工程量表

序号	项目名称	单位	数量	备注
	建筑工程			
二	主变压器及配电装置建筑			
2	220kV 构架及设备基础			
2.2	设备支架及基础			
GJ2-8	独立基础　钢筋混凝土基础	m³	9	
GJ7-11	普通钢筋	t	0.944	

续表

序号	项目名称	单位	数量	备注
GJ9-18	不含土方、基础、支架　钢管设备支架	t	1.200	
	地脚螺栓	t	0.270	
	安装工程			
二	配电装置			
2	屋外配电装置			
2.1	220kV 配电装置			
GQ2-72	户外双柱式隔离开关安装 220kV 三相	组	1	
GQ6-3	全站电缆敷设　控制电缆　全站	100m	0.600	
九	调试			
1	分系统调试			
调 JS1-27 R × 0.1 C × 0.1 J × 0.1	配电装置系统 220kV	间隔	1	
2	启动调试			
调 JS2-12 R × 0.1 C × 0.1 J × 0.1	配电装置试运　高压间隔设备 220kV	间隔	1	
	拆除工程			
一	建筑拆除			
2	主变压器及配电装置建筑			
2.2	220kV 构架及设备基础			
调 GJ1-6 R × 20 C × 20 J × 20	机械施工土方　土方运距　每增加 1km	m³	18	
YJ21-9	拆除钢筋混凝土　基础	m³	9	
YJ21-35	拆除钢构支架	t	1.200	
二	安装拆除			
2	配电装置			
2.2	屋外配电装置			
CQ2-81	户外双柱式隔离开关拆除 220kV 三相	组	1	
CQ3-36	引下线、跳线及设备连引线拆除 35～220kV（截面 mm² 以下）1440	组 / 三相	2	
CQ6-22	电缆拆除　截面积（mm² 以内）10	100m	0.600	

7.8 A4-8 更换 220kV 双柱水平旋转单接地隔离开关

7.8.1 典型方案主要内容

本典型方案为 1 组 220kV 双柱水平旋转单接地隔离开关（三相为 1 组）更换，内容包括：一次、二次设备引线拆除、安装；隔离开关拆除及安装；隔离开关基础拆除、安装；隔离开关一次、二次调试；设备防污闪喷涂。

7.8.2 典型方案主要技术条件

典型方案 A4-8 主要技术条件见表 7-57。

表 7-57   **典型方案 A4-8 主要技术条件**

方案名称	工程主要技术条件	
更换 220kV 双柱水平旋转单接地隔离开关	结构型式	双柱水平旋转
	额定电压（kV）	220
	额定电流（A）	2500
	额定短时耐受电流（kA）	50
	接地方式	单接地
	操作型式	自动并可手动
	安装场所	户外

7.8.3 典型方案概算书

概算投资为总投资，编制依据按 3.2 要求。典型方案 A4-8 概算书包括总概算汇总表、安装工程专业汇总表、建筑工程专业汇总表、拆除工程专业汇总表、其他费用概算表，分别见表 7-58～表 7-62。

表 7-58   **典型方案 A4-8 总概算汇总表**   金额单位：万元

序号	工程或费用名称	金额	占工程总投资的比例（%）
一	建筑工程费	2.88	23.90
二	安装工程费	1.84	15.29
三	拆除工程费	0.89	7.39
四	设备购置费	4.95	41.08
五	其中：编制基准期价差	0.10	0.79
	小计	10.55	87.65
六	其他费用	1.49	12.35
七	基本预备费		
八	工程静态投资合计	12.04	100.00
九	可抵扣增值税金额		

表 7-59　　　　　　　　　　**典型方案 A4-8 安装工程专业汇总表**　　　　　　金额单位：元

序号	工程或费用名称	安装工程费			设备购置费	合计
		主要材料费	安装费	小计		
	安装工程	8395	10008	18402	49459	67861
二	配电装置	8395	8888	17282	49459	66741
2	屋外配电装置	8395	8888	17282	49459	66741
2.1	220kV 配电装置	8395	8888	17282	49459	66741
九	调试		1120	1120		1120
1	分系统调试		609	609		609
2	启动调试		511	511		511
	其中：编制基准期价差		321	321		321
	合计	8395	10008	18402	49459	67861

表 7-60　　　　　　　　　　**典型方案 A4-8 建筑工程专业汇总表**　　　　　　金额单位：元

序号	工程或费用名称	设备费	主要材料费	建筑费	建筑工程费合计
	建筑工程		17801	10968	28768
二	主变压器及配电装置建筑		17801	10968	28768
2	220kV 构架及设备基础		17801	10968	28768
2.2	设备支架及基础		17801	10968	28768
	其中：编制基准期价差		6	306	313
	合计		17801	10968	28768

表 7-61　　　　　　　　　　**典型方案 A4-8 拆除工程专业汇总表**　　　　　　金额单位：元

序号	工程或费用名称	拆除工程费
	拆除工程	8897
一	建筑拆除	6506
2	主变压器及配电装置建筑	6506
2.2	220kV 构架及设备基础	6506
二	安装拆除	2391
2	配电装置	2391
2.2	屋外配电装置	2391
	其中：编制基准期价差	323
	合计	8897

表 7-62　　　　　　　　　　**典型方案 A4-8 其他费用概算表**　　　　　　金额单位：元

序号	工程或费用名称	编制依据及计算说明	合价
2	项目管理费		5211
2.1	管理经费	（建筑工程费＋安装工程费）×3.5%	1651

序号	工程或费用名称	编制依据及计算说明	合价
2.2	招标费	（建筑工程费＋安装工程费＋拆除工程费）×1.85%	1037
2.3	工程监理费	（建筑工程费＋安装工程费＋拆除工程费）×4.5%	2523
3	项目技术服务费		9656
3.1	前期工作及评审费	（建筑工程费＋安装工程费）×2.75%	1297
3.2	工程勘察设计费		7982
3.2.2	设计费	设计费×100%	7982
3.3	初步设计文件评审费	基本设计费×3.5%	237
3.4	工程结算编制审查费	（建筑工程费＋安装工程费＋拆除工程费）×0.25%	140
	小计		14867

7.8.4 典型方案电气设备材料表

典型方案 A4-8 电气设备材料表见表 7-63。

表 7-63   **典型方案 A4-8 电气设备材料表**

序号	设备或材料名称	单位	数量	备注
	安装工程			
二	配电装置			
2	屋外配电装置			
2.1	220kV 配电装置			
500001320	220kV 三相隔离开关，2500A，50kA，电动双柱水平旋转，单接地	组	1	
100000003	220kV 软导线引下线	组（三相）	1	
100000007	220kV 软导线设备连线	组（三相）	1	
100000013	220kV 变电站控制电缆	km	0.060	
500014823	布电线，BVR，铜，2.5，1	km	0.010	
500033083	布电线，BVR，铜，2.5，4	km	0.010	
500033976	电缆保护管，钢管，ϕ50	t	0.052	
500011755	绝缘涂料，PRTV	t	0.036	
500052233	软铜绞线，TJR1，120	t	0.001	

7.8.5 典型方案工程量表

典型方案 A4-8 工程量见表 7-64。

表 7-64   **典型方案 A4-8 工程量表**

序号	项目名称	单位	数量	备注
	建筑工程			
二	主变压器及配电装置建筑			

续表

序号	项目名称	单位	数量	备注
2	220kV 构架及设备基础			
2.2	设备支架及基础			
GJ2-8	独立基础 钢筋混凝土基础	m³	9	
GJ7-11	普通钢筋	t	0.944	
GJ9-18	不含土方、基础、支架 钢管设备支架	t	1.200	
	地脚螺栓	t	0.270	
	安装工程			
二	配电装置			
2	屋外配电装置			
2.1	220kV 配电装置			
GQ2-73	户外双柱式隔离开关安装 220kV 三相带接地	组	1	
GQ6-3	全站电缆敷设 控制电缆 全站	100m	0.600	
九	调试			
1	分系统调试			
调 JS1-27 R×0.1 C×0.1 J×0.1	配电装置系统 220kV	间隔	1	
2	启动调试			
调 JS2-12 R×0.1 C×0.1 J×0.1	配电装置试运 高压间隔设备 220kV	间隔	1	
	拆除工程			
一	建筑拆除			
2	主变压器及配电装置建筑			
2.2	220kV 构架及设备基础			
调 GJ1-6 R×20 C×20 J×20	机械施工土方 土方运距 每增加 1km	m³	18	
YJ21-9	拆除钢筋混凝土 基础	m³	9	
YJ21-35	拆除钢构支架	t	1.200	
二	安装拆除			
2	配电装置			
2.2	屋外配电装置			
CQ2-82	户外双柱式隔离开关拆除 220kV 三相带接地	组	1	

序号	项目名称	单位	数量	备注
CQ3-36	引下线、跳线及设备连引线拆除 35～220kV（截面 mm² 以下）1440	组／三相	2	
CQ6-22	电缆拆除　截面积（mm² 以内）10	100m	0.600	

7.9　A4-9 更换 220kV 双柱水平旋转双接地隔离开关

7.9.1　典型方案主要内容

本典型方案为 1 组 220kV 双柱水平旋转双接地隔离开关（三相为 1 组）更换。内容包括：一次、二次设备引线拆除、安装；隔离开关拆除及安装；隔离开关基础拆除、安装；隔离开关一次、二次调试；设备防污闪喷涂。

7.9.2　典型方案主要技术条件

典型方案 A4-9 主要技术条件见表 7-65。

表 7-65　　　　　　　典型方案 A4-9 主要技术条件

方案名称	工程主要技术条件	
更换 220kV 双柱水平旋转双接地隔离开关	结构型式	双柱水平旋转
	额定电压（kV）	220
	额定电流（A）	2500
	额定短时耐受电流（kA）	50
	接地方式	双接地
	操作型式	自动并可手动
	安装场所	户外

7.9.3　典型方案概算书

概算投资为总投资，编制依据按 3.2 要求。典型方案 A4-9 概算书包括总概算汇总表、安装工程专业汇总表、建筑工程专业汇总表、拆除工程专业汇总表、其他费用概算表，分别见表 7-66～表 7-70。

表 7-66　　　　　　　典型方案 A4-9 总概算汇总表　　　　　　金额单位：万元

序号	工程或费用名称	金额	占工程总投资的比例（%）
一	建筑工程费	2.88	20.31
二	安装工程费	2.15	15.19
三	拆除工程费	0.90	6.35
四	设备购置费	6.55	46.21
五	其中：编制基准期价差	0.11	0.75

续表

序号	工程或费用名称	金额	占工程总投资的比例（%）
	小计	12.47	88.07
六	其他费用	1.69	11.93
七	基本预备费		
八	工程静态投资合计	14.16	100.00
九	可抵扣增值税金额		

表 7-67   **典型方案 A4-9 安装工程专业汇总表**   金额单位：元

序号	工程或费用名称	安装工程费			设备购置费	合计
		主要材料费	安装费	小计		
	安装工程	8395	13128	21522	65455	86977
二	配电装置	8395	9453	17848	65455	83303
2	屋外配电装置	8395	9453	17848	65455	83303
2.1	220kV 配电装置	8395	9453	17848	65455	83303
九	调试		3675	3675		3675
1	分系统调试		609	609		609
2	启动调试		3066	3066		3066
	其中：编制基准期价差		421	421		421
	合计	8395	13128	21522	65455	86977

表 7-68   **典型方案 A4-9 建筑工程专业汇总表**   金额单位：元

序号	工程或费用名称	设备费	主要材料费	建筑费	建筑工程费合计
	建筑工程		17801	10968	28768
二	主变压器及配电装置建筑		17801	10968	28768
2	220kV 构架及设备基础		17801	10968	28768
2.2	设备支架及基础		17801	10968	28768
	其中：编制基准期价差		6	306	313
	合计		17801	10968	28768

表 7-69   **典型方案 A4-9 拆除工程专业汇总表**   金额单位：元

序号	工程或费用名称	拆除工程费
	拆除工程	9001
一	建筑拆除	6506
2	主变压器及配电装置建筑	6506
2.2	220kV 构架及设备基础	6506
二	安装拆除	2495

续表

序号	工程或费用名称	拆除工程费
2	配电装置	2495
2.2	屋外配电装置	2495
	其中：编制基准期价差	328
	合计	9001

表 7-70   **典型方案 A4-9 其他费用概算表**   金额单位：元

序号	工程或费用名称	编制依据及计算说明	合价
2	项目管理费		5525
2.1	管理经费	（建筑工程费＋安装工程费）×3.5%	1760
2.2	招标费	（建筑工程费＋安装工程费＋拆除工程费）×1.85%	1097
2.3	工程监理费	（建筑工程费＋安装工程费＋拆除工程费）×4.5%	2668
3	项目技术服务费		11375
3.1	前期工作及评审费	（建筑工程费＋安装工程费）×2.75%	1383
3.2	工程勘察设计费		9561
3.2.2	设计费	设计费×100%	9561
3.3	初步设计文件评审费	基本设计费×3.5%	284
3.4	工程结算编制审查费	（建筑工程费＋安装工程费＋拆除工程费）×0.25%	148
	小计		16901

7.9.4 典型方案电气设备材料表

典型方案 A4-9 电气设备材料表见表 7-71。

表 7-71   **典型方案 A4-9 电气设备材料表**

序号	设备或材料名称	单位	数量	备注
	安装工程			
二	配电装置			
2	屋外配电装置			
2.1	220kV 配电装置			
500001318	220kV 三相隔离开关，2500A，50kA，电动双柱水平旋转，双接地	组	1	
100000003	220kV 软导线引下线	组（三相）	1	
100000007	220kV 软导线设备连线	组（三相）	1	
100000013	220kV 变电站控制电缆	km	0.06	
500014823	布电线，BVR，铜，2.5，1	km	0.01	
500033083	布电线，BVR，铜，2.5，4	km	0.01	
500033976	电缆保护管，钢管，ϕ50	t	0.052	

续表

序号	设备或材料名称	单位	数量	备注
500011755	绝缘涂料，PRTV	t	0.036	
500052233	软铜绞线，TJR1，120	t	0.001	

7.9.5　典型方案工程量表

典型方案 A4-9 工程量见表 7-72。

表 7-72　　典型方案 A4-9 工程量表

序号	项目名称	单位	数量	备注
	建筑工程			
二	主变压器及配电装置建筑			
2	220kV 构架及设备基础			
2.2	设备支架及基础			
GJ2-8	独立基础　钢筋混凝土基础	m³	9	
GJ7-11	普通钢筋	t	0.944	
GJ9-18	不含土方、基础、支架　钢管设备支架	t	1.200	
	地脚螺栓	t	0.270	
	安装工程			
二	配电装置			
2	屋外配电装置			
2.1	220kV 配电装置			
GQ2-74	户外双柱式隔离开关安装 220kV 三相带双接地	组	1	
GQ6-3	全站电缆敷设　控制电缆　全站	100m	0.600	
九	调试			
1	分系统调试			
调 JS1-27 R×0.1 C×0.1 J×0.1	配电装置系统 220kV	间隔	1	
2	启动调试			
调 JS2-12 R×0.6 C×0.6 J×0.6	配电装置试运　高压间隔设备 220kV	间隔	1	
	拆除工程			
一	建筑拆除			
2	主变压器及配电装置建筑			
2.2	220kV 构架及设备基础			

序号	项目名称	单位	数量	备注
调 GJ1-6 R×20 C×20 J×20	机械施工土方　土方运距　每增加1km	m³	18	
YJ21-9	拆除钢筋混凝土　基础	m³	9	
YJ21-35	拆除钢构支架	t	1.200	
二	安装拆除			
2	配电装置			
2.2	屋外配电装置			
CQ2-83	户外双柱式隔离开关拆除 220kV 三相带双接地	组	1	
CQ3-36	引下线、跳线及设备连引线拆除 35～220kV（截面 mm² 以下）1440	组/三相	2	
CQ6-22	电缆拆除　截面积（mm² 以内）10	100m	0.600	

7.10　A4-10 更换 220kV 单柱垂直伸缩不接地隔离开关

7.10.1　典型方案主要内容

本典型方案为 1 组 220kV 单柱垂直伸缩不接地隔离开关（三相为 1 组）更换，内容包括：一次、二次设备引线拆除、安装；隔离开关拆除及安装；隔离开关基础拆除、安装；隔离开关一次、二次调试；设备防污闪喷涂。

7.10.2　典型方案主要技术条件

典型方案 A4-10 主要技术条件见表 7-73。

表 7-73　　　　　　　　　　典型方案 A4-10 主要技术条件

方案名称	工程主要技术条件	
更换 220kV 单柱垂直伸缩不接地隔离开关	结构型式	单臂垂直伸缩
	额定电压（kV）	220
	额定电流（A）	3150
	额定短时耐受电流（kA）	50
	接地方式	不接地
	操作型式	自动并可手动
	安装场所	户外

7.10.3　典型方案概算书

概算投资为总投资，编制依据按 3.2 要求。典型方案 A4-10 概算书包括总概算汇总表、安装工程专业汇总表、建筑工程专业汇总表、拆除工程专业汇总表、其他费用概算表，分别见表 7-74～表 7-78。

表 7-74　　　　　　　典型方案 A4-10 总概算汇总表　　　　金额单位：万元

序号	工程或费用名称	金额	占工程总投资的比例（%）
一	建筑工程费	2.88	23.76
二	安装工程费	2.19	18.07
三	拆除工程费	0.98	8.13
四	设备购置费	4.53	37.39
五	其中：编制基准期价差	0.10	0.84
	小计	10.58	87.35
六	其他费用	1.53	12.65
七	基本预备费		
八	工程静态投资合计	12.11	100.00
九	可抵扣增值税金额		

表 7-75　　　　　　　典型方案 A4-10 安装工程专业汇总表　　　　金额单位：元

序号	工程或费用名称	安装工程费			设备购置费	合计
		主要材料费	安装费	小计		
	安装工程	8395	13480	21875	45271	67146
二	配电装置	8395	12360	20755	45271	66026
2	屋外配电装置	8395	12360	20755	45271	66026
2.1	220kV 配电装置	8395	12360	20755	45271	66026
九	调试		1120	1120		1120
1	分系统调试		609	609		609
2	启动调试		511	511		511
	其中：编制基准期价差		380	380		380
	合计	8395	13480	21875	45271	67146

表 7-76　　　　　　　典型方案 A4-10 建筑工程专业汇总表　　　　金额单位：元

序号	工程或费用名称	设备费	主要材料费	建筑费	建筑工程费合计
	建筑工程		17801	10968	28768
二	主变压器及配电装置建筑		17801	10968	28768
2	220kV 构架及设备基础		17801	10968	28768
2.2	设备支架及基础		17801	10968	28768
	其中：编制基准期价差		6	306	313
	合计		17801	10968	28768

表 7-77   **典型方案 A4-10 拆除工程专业汇总表**   金额单位：元

序号	工程或费用名称	拆除工程费
	拆除工程	9843
一	建筑拆除	6506
2	主变压器及配电装置建筑	6506
2.2	220kV 构架及设备基础	6506
二	安装拆除	3337
2	配电装置	3337
2.2	屋外配电装置	3337
	其中：编制基准期价差	330
	合计	9843

表 7-78   **典型方案 A4-10 其他费用概算表**   金额单位：元

序号	工程或费用名称	编制依据及计算说明	合价
2	项目管理费		5613
2.1	管理经费	（建筑工程费＋安装工程费）×3.5%	1773
2.2	招标费	（建筑工程费＋安装工程费＋拆除工程费）×1.85%	1119
2.3	工程监理费	（建筑工程费＋安装工程费＋拆除工程费）×4.5%	2722
3	项目技术服务费		9701
3.1	前期工作及评审费	（建筑工程费＋安装工程费）×2.75%	1393
3.2	工程勘察设计费		7923
3.2.2	设计费	设计费 ×100%	7923
3.3	初步设计文件评审费	基本设计费 ×3.5%	235
3.4	工程结算编制审查费	（建筑工程费＋安装工程费＋拆除工程费）×0.25%	151
	小计		15315

7.10.4 典型方案电气设备材料表

典型方案 A4-10 电气设备材料表见表 7-79。

表 7-79   **典型方案 A4-10 电气设备材料表**

序号	设备或材料名称	单位	数量	备注
	安装工程			
二	配电装置			
2	屋外配电装置			
2.1	220kV 配电装置			
500001232	220kV 三相隔离开关，3150A，50kA，电动单臂垂直伸缩，不接地	组	1	
100000003	220kV 软导线引下线	组（三相）	1	

续表

序号	设备或材料名称	单位	数量	备注
100000007	220kV 软导线设备连线	组（三相）	1	
100000013	220kV 变电站控制电缆	km	0.060	
500014823	布电线，BVR，铜，2.5，1	km	0.010	
500033083	布电线，BVR，铜，2.5，4	km	0.010	
500033976	电缆保护管，钢管，ϕ 50	t	0.052	
500011755	绝缘涂料，PRTV	t	0.036	
500052233	软铜绞线，TJR1，120	t	0.001	

7.10.5 典型方案工程量表

典型方案 A4-10 工程量见表 7-80。

表 7-80　　　　　　　　　　典型方案 A4-10 工程量表

序号	项目名称	单位	数量	备注
	建筑工程			
二	主变压器及配电装置建筑			
2	220kV 构架及设备基础			
2.2	设备支架及基础			
GJ2-8	独立基础 钢筋混凝土基础	m³	9	
GJ7-11	普通钢筋	t	0.944	
GJ9-18	不含土方、基础、支架 钢管设备支架	t	1.200	
	地脚螺栓	t	0.270	
	安装工程			
二	配电装置			
2	屋外配电装置			
2.1	220kV 配电装置			
GQ2-120	户外单柱式隔离开关安装 220kV 三相	组	1	
GQ6-3	全站电缆敷设 控制电缆 全站	100m	0.6	
九	调试			
1	分系统调试			
调 JS1-27 R × 0.1 C × 0.1 J × 0.1	配电装置系统 220kV	间隔	1	
2	启动调试			
调 JS2-12 R × 0.1 C × 0.1 J × 0.1	配电装置试运 高压间隔设备 220kV	间隔	1	

续表

序号	项目名称	单位	数量	备注
	拆除工程			
一	建筑拆除			
2	主变压器及配电装置建筑			
2.2	220kV 构架及设备基础			
调 GJ1-6 R×20 C×20 J×20	机械施工土方 土方运距 每增加 1km	m³	18	
YJ21-9	拆除钢筋混凝土 基础	m³	9	
YJ21-35	拆除钢构支架	t	1.200	
二	安装拆除			
2	配电装置			
2.2	屋外配电装置			
CQ2-129	户外单柱式隔离开关拆除 220kV 三相	组	1	
CQ3-36	引下线、跳线及设备连引线拆除 35～220kV（截面 mm² 以下）1440	组/三相	2	
CQ6-22	电缆拆除 截面积（mm² 以内）10	100m	0.600	

7.11 A4-11 更换 500kV 单柱垂直伸缩单接地隔离开关

7.11.1 典型方案主要内容

本典型方案为 1 组 500kV 单柱垂直伸缩单接地隔离开关（三相为 1 组）更换，内容包括：一次、二次设备引线拆除、安装；隔离开关拆除及安装；隔离开关基础拆除、安装；隔离开关一次、二次调试；设备防污闪喷涂。

7.11.2 典型方案主要技术条件

典型方案 A4-11 主要技术条件见表 7-81。

表 7-81　　　　　　典型方案 A4-11 主要技术条件

方案名称	工程主要技术条件	
更换 500kV 单柱垂直伸缩单接地隔离开关	结构型式	单臂垂直伸缩
	额定电压（kV）	550
	额定电流（A）	4000
	额定短时耐受电流（kA）	63
	接地方式	单接地
	操作型式	自动并可手动
	安装场所	户外

7.11.3 典型方案概算书

概算投资为总投资，编制依据按 3.2 要求。典型方案 A4-11 概算书包括总概算汇总表、安装工程专业汇总表、建筑工程专业汇总表、拆除工程专业汇总表、其他费用概算表，分别见表 7-82～表 7-86。

表 7-82 典型方案 A4-11 总概算汇总表 金额单位：万元

序号	工程或费用名称	金额	占工程总投资的比例（%）
一	建筑工程费	1.86	6.48
二	安装工程费	7.91	27.58
三	拆除工程费	1.19	4.14
四	设备购置费	14.34	50.00
五	其中：编制基准期价差	0.15	0.52
	小计	25.30	88.20
六	其他费用	3.38	11.80
七	基本预备费		
八	工程静态投资合计	28.68	100.00
九	可抵扣增值税金额		

表 7-83 典型方案 A4-11 安装工程专业汇总表 金额单位：元

序号	工程或费用名称	安装工程费			设备购置费	合计
		主要材料费	安装费	小计		
	安装工程	48893	30215	79108	143397	222505
二	配电装置	48893	28484	77377	143397	220774
2	屋外配电装置	48893	28484	77377	143397	220774
2.1	500kV 配电装置	48893	28484	77377	143397	220774
九	调试		1731	1731		1731
1	分系统调试		928	928		928
2	启动调试		803	803		803
	其中：编制基准期价差		900	900		900
	合计	48893	30215	79108	143397	222505

表 7-84 典型方案 A4-11 建筑工程专业汇总表 金额单位：元

序号	工程或费用名称	设备费	主要材料费	建筑费	建筑工程费合计
	建筑工程		12704	5888	18593
二	主变压器及配电装置建筑		12704	5888	18593
2	500kV 构架及设备基础		12704	5888	18593
2.2	设备支架及基础		12704	5888	18593

续表

序号	工程或费用名称	设备费	主要材料费	建筑费	建筑工程费合计
	其中：编制基准期价差				
	合计		12704	5888	18593

表 7-85   **典型方案 A4-11 拆除工程专业汇总表**   金额单位：元

序号	工程或费用名称	拆除工程费
	拆除工程	11866
一	建筑拆除	4360
2	主变压器及配电装置建筑	4360
2.2	500kV 构架及设备基础	4360
二	安装拆除	7506
2	配电装置	7506
2.2	屋外配电装置	7506
	其中：编制基准期价差	415
	合计	11866

表 7-86   **典型方案 A4-11 其他费用概算表**   金额单位：元

序号	工程或费用名称	编制依据及计算说明	合价
2	项目管理费		10377
2.1	管理经费	（建筑工程费＋安装工程费）×3.5%	3420
2.2	招标费	（建筑工程费＋安装工程费＋拆除工程费）×1.85%	2027
2.3	工程监理费	（建筑工程费＋安装工程费＋拆除工程费）×4.5%	4931
3	项目技术服务费		23466
3.1	前期工作及评审费	（建筑工程费＋安装工程费）×2.75%	2687
3.2	工程勘察设计费		19915
3.2.2	设计费	设计费×100%	19915
3.3	初步设计文件评审费	基本设计费×3.5%	591
3.4	工程结算编制审查费	（建筑工程费＋安装工程费＋拆除工程费）×0.25%	274
	小计		33843

7.11.4 典型方案电气设备材料表

典型方案 A4-11 电气设备材料表见表 7-87。

表 7-87   **典型方案 A4-11 电气设备材料表**

序号	设备或材料名称	单位	数量	备注
	安装工程			
二	配电装置			

序号	设备或材料名称	单位	数量	备注
2	屋外配电装置			
2.1	500kV 配电装置			
500001522	500kV 三相隔离开关，4000A，63kA，电动单臂垂直伸缩，单接地	组	1	
100000004	500kV 软导线引下线	组（三相）	1	
100000008	500kV 软导线设备连线	组（三相）	1	
100000014	500kV 变电站控制电缆	km	0.36	
500014823	布电线，BVR，铜，2.5，1	km	0.01	
500033083	布电线，BVR，铜，2.5，4	km	0.01	
500033976	电缆保护管，钢管，ϕ50	t	0.078	
500011755	绝缘涂料，PRTV	t	0.2	
500052233	软铜绞线，TJR1，120	t	0.002	
500075823	防污闪辅助伞裙	片	36	

7.11.5 典型方案工程量表

典型方案 A4-11 工程量见表 7-88。

表 7-88　　　　典型方案 A4-11 工程量表

序号	项目名称	单位	数量	备注
	建筑工程			
二	主变压器及配电装置建筑			
2	500kV 构架及设备基础			
2.2	设备支架及基础			
GJ2-8	独立基础　钢筋混凝土基础	m³	6	
GJ7-11	地脚螺栓	t	0.135	
GJ7-11	普通钢筋	t	0.629	
GJ9-18	不含土方、基础、支架　钢管设备支架	t	0.834	
	安装工程			
二	配电装置			
2	屋外配电装置			
2.1	500kV 配电装置			
GQ2-125	户外单柱式隔离开关安装 500kV 三相带接地	组	1	
GQ6-3	全站电缆敷设　控制电缆　全站	100m	3.6	
九	调试			
1	分系统调试			

序号	项目名称	单位	数量	备注
调 JS1-29 R×0.1 C×0.1 J×0.1	配电装置系统 500kV	间隔	1	
2	启动调试			
调 JS2-14 R×0.1 C×0.1 J×0.1	配电装置试运　高压间隔设备 500kV	间隔	1	
	拆除工程			
一	建筑拆除			
2	主变压器及配电装置建筑			
2.2	500kV 构架及设备基础			
调 GJ1-6 R×20 C×20 J×20	机械施工土方　土方运距　每增加 1km	m^3	12	
YJ21-9	拆除钢筋混凝土　基础	m^3	6	
YJ21-35	拆除钢构支架	t	0.834	
二	安装拆除			
2	配电装置			
2.2	屋外配电装置			
CQ2-134	户外单柱式隔离开关拆除 500kV 三相带接地	组	1	
CQ3-40	引下线、跳线及设备连引线拆除 330～500kV （截面 mm^2 以下）2×1440	组/三相	2	
CQ6-22	电缆拆除　截面积（mm^2 以内）10	100m	3.600	

7.12　A4-12 更换 500kV 双柱水平伸缩单接地隔离开关

7.12.1　典型方案主要内容

本典型方案为 1 组 500kV 双柱水平伸缩单接地隔离开关（三相为 1 组）更换，内容包括一次、二次设备引线拆除、安装；隔离开关拆除及安装；隔离开关基础拆除、安装；隔离开关一次、二次调试；设备防污闪喷涂。

7.12.2　典型方案主要技术条件

典型方案 A4-12 主要技术条件见表 7-89。

表 7-89   **典型方案 A4-12 主要技术条件**

方案名称	工程主要技术条件	
更换 500kV 双柱水平伸缩单接地隔离开关	结构型式	双柱水平伸缩
	额定电压（kV）	550
	额定电流（A）	4000
	额定短时耐受电流（kA）	63
	接地方式	单接地
	操作型式	自动并可手动
	安装场所	户外

7.12.3 典型方案概算书

概算投资为总投资，编制依据按 3.2 要求。典型方案 A4-12 概算书包括总概算汇总表、安装工程专业汇总表、建筑工程专业汇总表、拆除工程专业汇总表、其他费用概算表，分别见表 7-90～表 7-94。

表 7-90   **典型方案 A4-12 总概算汇总表**   金额单位：万元

序号	工程或费用名称	金额	占工程总投资的比例（%）
一	建筑工程费	3.72	10.56
二	安装工程费	7.58	21.52
三	拆除工程费	1.24	3.53
四	设备购置费	18.61	52.82
五	其中：编制基准期价差	0.16	0.45
	小计	31.15	88.43
六	其他费用	4.08	11.57
七	基本预备费		
八	工程静态投资合计	35.23	100.00
九	可抵扣增值税金额		

表 7-91   **典型方案 A4-12 安装工程专业汇总表**   金额单位：元

序号	工程或费用名称	安装工程费			设备购置费	合计
		主要材料费	安装费	小计		
	安装工程	48893	26925	75818	186099	261917
二	配电装置	48893	25193	74087	186099	260185
2	屋外配电装置	48893	25193	74087	186099	260185
2.1	500kV 配电装置	48893	25193	74087	186099	260185
九	调试		1731	1731		1731
1	分系统调试		928	928		928

续表

序号	工程或费用名称	安装工程费			设备购置费	合计
		主要材料费	安装费	小计		
2	启动调试		803	803		803
	其中： 编制基准期价差		794	794		794
	合计	48893	26925	75818	186099	261917

表 7-92　　　　　　　　典型方案 A4-12 建筑工程专业汇总表　　　　　金额单位：元

序号	工程或费用名称	设备费	主要材料费	建筑费	建筑工程费合计
	建筑工程		25410	11777	37187
二	主变压器及配电装置建筑		25410	11777	37187
2	500kV 构架及设备基础		25410	11777	37187
2.2	设备支架及基础		25410	11777	37187
	其中： 编制基准期价差		9	339	348
	合计		25410	11777	37187

表 7-93　　　　　　　　典型方案 A4-12 拆除工程专业汇总表　　　　　金额单位：元

序号	工程或费用名称	拆除工程费
	拆除工程	12432
一	建筑拆除	4926
2	主变压器及配电装置建筑	4926
2.2	500kV 构架及设备基础	4926
二	安装拆除	7506
2	配电装置	7506
2.2	屋外配电装置	7506
	其中： 编制基准期价差	439
	合计	12432

表 7-94　　　　　　　　典型方案 A4-12 其他费用概算表　　　　　金额单位：元

序号	工程或费用名称	编制依据及计算说明	合价
2	项目管理费		11920
2.1	管理经费	（建筑工程费 + 安装工程费）× 3.5%	3955
2.2	招标费	（建筑工程费 + 安装工程费 + 拆除工程费）× 1.85%	2321
2.3	工程监理费	（建筑工程费 + 安装工程费 + 拆除工程费）× 4.5%	5645
3	项目技术服务费		28860
3.1	前期工作及评审费	（建筑工程费 + 安装工程费）× 2.75%	3108
3.2	工程勘察设计费		24706

续表

序号	工程或费用名称	编制依据及计算说明	合价
3.2.2	设计费	设计费×100%	24706
3.3	初步设计文件评审费	基本设计费×3.5%	733
3.4	工程结算编制审查费	（建筑工程费＋安装工程费＋拆除工程费）×0.25%	314
	小计		40780

7.12.4　典型方案电气设备材料表

典型方案 A4-12 电气设备材料表见表 7-95。

表 7-95　　　　　　　　　　　典型方案 A4-12 电气设备材料表

序号	设备或材料名称	单位	数量	备注
	安装工程			
二	配电装置			
2	屋外配电装置			
2.1	500kV 配电装置			
500001538	500kV 三相隔离开关，4000A，63kA，电动双柱水平伸缩，单接地	组	1	
100000004	500kV 软导线引下线	组（三相）	1	
100000008	500kV 软导线设备连线	组（三相）	1	
100000014	500kV 变电站控制电缆	km	0.36	
500014823	布电线，BVR，铜，2.5，1	km	0.01	
500033083	布电线，BVR，铜，2.5，4	km	0.01	
500033976	电缆保护管，钢管，φ50	t	0.078	
500011755	绝缘涂料，PRTV	t	0.2	
500052233	软铜绞线，TJR1，120	t	0.002	
500075823	防污闪辅助伞裙	片	36	

7.12.5　典型方案工程量表

典型方案 A4-12 工程量见表 7-96。

表 7-96　　　　　　　　　　　典型方案 A4-12 工程量表

序号	项目名称	单位	数量	备注
	建筑工程			
二	主变压器及配电装置建筑			
2	500kV 构架及设备基础			
2.2	设备支架及基础			
GJ2-8	独立基础　钢筋混凝土基础	m³	12	

续表

序号	项目名称	单位	数量	备注
GJ7-11	地脚螺栓	t	0.27	
GJ7-11	普通钢筋	t	1.259	
GJ9-18	不含土方、基础、支架 钢管设备支架	t	1.668	
	安装工程			
二	配电装置			
2	屋外配电装置			
2.1	500kV 配电装置			
GQ2-80	户外双柱式隔离开关安装 500kV 三相带接地	组	1	
GQ6-3	全站电缆敷设 控制电缆 全站	100m	3.6	
九	调试			
1	分系统调试			
调 JS1-29 R×0.1 C×0.1 J×0.1	配电装置系统 500kV	间隔	1	
2	启动调试			
调 JS2-14 R×0.1 C×0.1 J×0.1	配电装置试运 高压间隔设备 500kV	间隔	1	
	拆除工程			
一	建筑拆除			
2	主变压器及配电装置建筑			
2.2	500kV 构架及设备基础			
调 GJ1-6 R×20 C×20 J×20	机械施工土方 土方运距 每增加 1km	m³	12	
YJ21-9	拆除钢筋混凝土 基础	m³	6	
YJ21-35	拆除钢构支架	t	1.668	
二	安装拆除			
2	配电装置			
2.2	屋外配电装置			
CQ2-134	户外单柱式隔离开关拆除 500kV 三相带接地	组	1	
CQ3-40	引下线、跳线及设备连引线拆除 330～500kV（截面 mm² 以下）2×1440	组/三相	2	
CQ6-22	电缆拆除 截面积（mm² 以内）10	100m	3.6	

第8章　更换断路器

　　更换断路器典型方案共5个：按照电压等级、设备形式分为66～500kV（330kV除外）更不同类型的典型方案。所有典型方案的工作范围只包含断路器本体，不包含断路器三侧配电装置，不包含相应二次设备更换。

8.1　A5-1更换66kV 瓷柱式 SF_6 断路器

8.1.1　典型方案主要内容

本典型方案为1台66kV 瓷柱式 SF_6 断路器（三相为1台）更换。内容包括：一次、二次设备引线拆除、安装；断路器拆除、安装；断路器一次、二次调试及油气及耐压试验；断路器基础拆除、安装；设备防污闪喷涂；防火封堵；接地改造。

8.1.2　典型方案主要技术条件

典型方案 A5-1 主要技术条件见表8-1。

表8-1　　　　　　　　　　　典型方案 A5-1 主要技术条件

方案名称	工程主要技术条件	
更换66kV 瓷柱式 SF_6 断路器	断路器型式	瓷柱式
	绝缘介质	SF_6
	额定电压（kV）	66
	额定电流（A）	2500
	额定短时耐受电流（kA）	31.5
	操作方式	机械联动
	安装场所	户外

8.1.3　典型方案概算书

概算投资为总投资，编制依据按3.2要求。典型方案 A5-1 概算书包括总概算汇总表、安装工程专业汇总表、建筑工程专业汇总表、拆除工程专业汇总表、其他费用概算表，分别见表8-2～表8-6。

表8-2　　　　　　　　　　典型方案 A5-1 总概算汇总表　　　　　　　　金额单位：万元

序号	工程或费用名称	金额	占工程总投资的比例（%）
一	建筑工程费	1.35	7.39

续表

序号	工程或费用名称	金额	占工程总投资的比例（%）
二	安装工程费	4.10	22.44
三	拆除工程费	1.00	5.45
四	设备购置费	9.77	53.45
五	其中：编制基准期价差	0.13	0.72
	小计	16.21	88.72
六	其他费用	2.06	11.28
七	基本预备费		
八	工程静态投资合计	18.27	100.00
九	可抵扣增值税金额		

表 8-3　　　　　　　　　　　典型方案 A5-1 安装工程专业汇总表　　　　　　　　金额单位：元

序号	工程或费用名称	安装工程费			设备购置费	合计
		主要材料费	安装费	小计		
	安装工程	11761	29243	41004	97679	138683
二	配电装置	11541	13406	24947	97679	122626
2	屋外配电装置	11541	13406	24947	97679	122626
2.1	66kV 配电装置	11541	13406	24947	97679	122626
六	电缆防护设施	104	123	228		228
2	电缆防火	104	123	228		228
七	全站接地	115		115		115
1	接地网	115		115		115
九	调试		15714	15714		15714
1	分系统调试		1045	1045		1045
2	启动调试		963	963		963
3	特殊调试		13706	13706		13706
	其中：编制基准期价差		746	746		746
	合计	11761	29243	41004	97679	138683

表 8-4　　　　　　　　　　　典型方案 A5-1 建筑工程专业汇总表　　　　　　　　金额单位：元

序号	工程或费用名称	设备费	主要材料费	建筑费	建筑工程费合计
	建筑工程		7679	5823	13502
二	主变压器及配电装置建筑		7679	5823	13502
2	66kV 构架及设备基础		7679	5823	13502
2.1	架构及基础		7679	5823	13502
	其中：编制基准期价差		7	195	202
	合计		7679	5823	13502

表 8-5	典型方案 A5-1 拆除工程专业汇总表	金额单位：元
序号	工程或费用名称	拆除工程费
	拆除工程	9954
一	建筑拆除	6148
2	主变压器及配电装置建筑	6148
2.2	66kV 构架及设备基础	6148
二	安装拆除	3806
2	配电装置	3806
2.2	屋外配电装置	3806
	其中：编制基准期价差	367
	合计	9954

表 8-6	典型方案 A5-1 其他费用概算表		金额单位：元
序号	工程或费用名称	编制依据及计算说明	合价
2	项目管理费		6001
2.1	管理经费	（建筑工程费＋安装工程费）×3.5%	1908
2.2	招标费	（建筑工程费＋安装工程费＋拆除工程费）×1.85%	1193
2.3	工程监理费	（建筑工程费＋安装工程费＋拆除工程费）×4.5%	2901
3	项目技术服务费		14603
3.1	前期工作及评审费	（建筑工程费＋安装工程费）×2.75%	1499
3.2	工程勘察设计费		12570
3.2.2	设计费	设计费×100%	12570
3.3	初步设计文件评审费	基本设计费×3.5%	373
3.4	工程结算编制审查费	（建筑工程费＋安装工程费＋拆除工程费）×0.25%	161
	小计		20604

8.1.4　典型方案电气设备材料表

典型方案 A5-1 电气设备材料表见表 8-7。

表 8-7	典型方案 A5-1 电气设备材料表			
序号	设备或材料名称	单位	数量	备注
	安装工程			
二	配电装置			
2	屋外配电装置			
2.1	66kV 配电装置			
500002125	66kVSF$_6$ 瓷柱式断路器，2500A，31.5kA，三相机械联动，户外	台	1	
100000002	110kV 软导线引下线	组（三相）	1	

续表

序号	设备或材料名称	单位	数量	备注
100000006	110kV 软导线设备连线	组（三相）	1	
100000011	66kV 变电站控制电缆	km	0.400	
500033976	电缆保护管，钢管，φ50	t	0.103	
500011755	绝缘涂料，PRTV	t	0.030	
六	电缆防护设施			
2	电缆防火			
500011738	防火堵料	t	0.006	
500011727	防火涂料	t	0.003	
七	全站接地			
1	接地网			
500010951	扁钢，50mm，5mm，Q235-A	t	0.023	

8.1.5 典型方案工程量表

典型方案 A5-1 工程量见表 8-8。

表 8-8　　　　典型方案 A5-1 工程量表

序号	项目名称	单位	数量	备注
	建筑工程			
二	主变压器及配电装置建筑			
2	66kV 构架及设备基础			
2.1	架构及基础			
GJ2-8	独立基础　钢筋混凝土基础	m³	9.720	
GJ7-11	普通钢筋	t	0.922	
	安装工程			
二	配电装置			
2	屋外配电装置			
2.1	66kV 配电装置			
调 GQ2-9 R×0.88 C×0.88 J×0.88	SF₆ 断路器安装 户外 电压（kV）110	台	1	
GQ6-3	全站电缆敷设　控制电缆　全站	100m	4	
六	电缆防护设施			
2	电缆防火			
GQ6-10	电缆防火安装　防火堵料	t	0.006	
GQ6-11	电缆防火安装　防火涂料	t	0.003	

序号	项目名称	单位	数量	备注
九	调试			
1	分系统调试			
调 JS1-26 R×0.264 C×0.264 J×0.264	配电装置系统 110kV	间隔	1	
2	启动调试			
调 JS2-11 R×0.264 C×0.264 J×0.264	配电装置试运 高压间隔设备 110kV	间隔	1	
3	特殊调试			
调 JS3-19 R×0.88 C×0.88 J×0.88	断路器耐压试验 110kV	台	1	
JS3-102	SF_6 气体试验 SF_6 取样	样	1	
JS3-103	SF_6 气体试验 SF_6 检漏	样	1	
JS3-104	SF_6 气体试验 SF_6 露点	样	1	
JS3-105	SF_6 气体试验 SF_6 成分	样	1	
	拆除工程			
一	建筑拆除			
2	主变压器及配电装置建筑			
2.2	66kV 构架及设备基础			
调 GJ1-6 R×20 C×20 J×20	机械施工土方 土方运距 每增加 1km	m^3	19.440	
YJ21-9	拆除钢筋混凝土 基础	m^3	9.720	
二	安装拆除			
2	配电装置			
2.2	屋外配电装置			
调 CQ2-18 R×0.88 C×0.88 J×0.88	SF_6 断路器拆除 户外 电压（kV）110	台	1	
CQ3-35	引下线、跳线及设备连引线拆除 35～220kV （截面 mm^2 以下）1000	组／三相	2	
CQ6-22	电缆拆除 截面积（mm^2 以内）10	100m	4	

8.2　A5-2 更换 110kV 瓷柱式 SF$_6$ 断路器

8.2.1　典型方案主要内容

本典型方案为 1 台 110kV 瓷柱式 SF$_6$ 断路器（三相为 1 台）更换。内容包括：一次、二次设备引线拆除、安装；断路器拆除、安装；断路器一次、二次调试及油气及耐压试验；断路器基础拆除、安装；设备防污闪喷涂；防火封堵；接地改造。

8.2.2　典型方案主要技术条件

典型方案 A5-2 主要技术条件见表 8-9。

表 8-9　　　　　　　　　　　典型方案 A5-2 主要技术条件

方案名称	工程主要技术条件	
更换 110kV 瓷柱式 SF$_6$ 断路器	断路器型式	瓷柱式
	绝缘介质	SF$_6$
	额定电压（kV）	110
	额定电流（A）	3150
	额定短时耐受电流（kA）	40
	操作方式	机械联动
	安装场所	户外

8.2.3　典型方案概算书

概算投资为总投资，编制依据按 3.2 要求。典型方案 A5-2 概算书包括总概算汇总表、安装工程专业汇总表、建筑工程专业汇总表、拆除工程专业汇总表、其他费用概算表，分别见表 8-10～表 8-14。

表 8-10　　　　　　　　　　典型方案 A5-2 总概算汇总表　　　　　　　　　金额单位：万元

序号	工程或费用名称	金额	占工程总投资的比例（%）
一	建筑工程费	1.35	5.57
二	安装工程费	4.43	18.26
三	拆除工程费	0.65	2.68
四	设备购置费	15.24	62.88
五	其中：编制基准期价差	0.12	0.51
	小计	21.66	89.39
六	其他费用	2.57	10.61
七	基本预备费		
八	工程静态投资合计	24.24	100.00
九	可抵扣增值税金额		

表 8-11　　　　　　　　　　典型方案 A5-2 安装工程专业汇总表　　　　　　　金额单位：元

序号	工程或费用名称	安装工程费			设备购置费	合计
		主要材料费	安装费	小计		
	安装工程	12088	32167	44256	152394	196650
二	配电装置	11869	14510	26378	152394	178773
2	屋外配电装置	11869	14510	26378	152394	178773
2.1	110kV 配电装置	11869	14510	26378	152394	178773
六	电缆防护设施	104	123	228		228
2	电缆防火	104	123	228		228
七	全站接地	115		115		115
1	接地网	115		115		115
九	调试		17534	17534		17534
1	分系统调试		1187	1187		1187
2	启动调试		1094	1094		1094
3	特殊调试		15253	15253		15253
	其中：编制基准期价差		813	813		813
	合计	12088	32167	44256	152394	196650

表 8-12　　　　　　　　　　典型方案 A5-2 建筑工程专业汇总表　　　　　　　金额单位：元

序号	工程或费用名称	设备费	主要材料费	建筑费	建筑工程费合计
	建筑工程		7679	5823	13502
二	主变压器及配电装置建筑		7679	5823	13502
2	110kV 构架及设备基础		7679	5823	13502
2.1	架构及基础		7679	5823	13502
	其中：编制基准期价差		7	195	202
	合计		7679	5823	13502

表 8-13　　　　　　　　　　典型方案 A5-2 拆除工程专业汇总表　　　　　　　金额单位：元

序号	工程或费用名称	拆除工程费
	拆除工程	6498
一	建筑拆除	6148
2	主变压器及配电装置建筑	6148
2.2	110kV 构架及设备基础	6148
二	安装拆除	350
2	配电装置	350
2.2	屋外配电装置	350
	其中：编制基准期价差	230
	合计	6498

表 8-14 典型方案 A5-2 其他费用概算表 金额单位：元

序号	工程或费用名称	编制依据及计算说明	合价
2	项目管理费		6102
2.1	管理经费	（建筑工程费＋安装工程费）×3.5%	2022
2.2	招标费	（建筑工程费＋安装工程费＋拆除工程费）×1.85%	1189
2.3	工程监理费	（建筑工程费＋安装工程费＋拆除工程费）×4.5%	2892
3	项目技术服务费		19622
3.1	前期工作及评审费	（建筑工程费＋安装工程费）×2.75%	1588
3.2	工程勘察设计费		17359
3.2.2	设计费	设计费×100%	17359
3.3	初步设计文件评审费	基本设计费×3.5%	515
3.4	工程结算编制审查费	（建筑工程费＋安装工程费＋拆除工程费）×0.25%	161
	小计		25724

8.2.4 典型方案电气设备材料表

典型方案 A5-2 电气设备材料表见表 8-15。

表 8-15 典型方案 A5-2 电气设备材料表

序号	设备或材料名称	单位	数量	备注
	安装工程			
二	配电装置			
2	屋外配电装置			
2.1	110kV 配电装置			
500001131	110kVSF$_6$ 瓷柱式断路器，3150A，40kA，三相机械联动，户外	台	1	
100000002	110kV 软导线引下线	组（三相）	1	
100000006	110kV 软导线设备连线	组（三相）	1	
100000012	110kV 变电站控制电缆	km	0.400	
500033976	电缆保护管，钢管，ϕ50	t	0.189	
500011755	绝缘涂料，PRTV	t	0.018	
六	电缆防护设施			
2	电缆防火			
500011738	防火堵料	t	0.006	
500011727	防火涂料	t	0.003	
七	全站接地			
1	接地网			
500011000	扁钢，60mm，8mm，Q235-A	t	0.023	

8.2.5 典型方案工程量表

典型方案 A5-2 工程量见表 8-16。

表 8-16　　　　　　　　　典型方案 A5-2 工程量表

序号	项目名称	单位	数量	备注
	建筑工程			
二	主变压器及配电装置建筑			
2	110kV 构架及设备基础			
2.1	架构及基础			
GJ2-8	独立基础　钢筋混凝土基础	m^3	9.720	
GJ7-11	普通钢筋	t	0.922	
	安装工程			
二	配电装置			
2	屋外配电装置			
2.1	110kV 配电装置			
GQ2-9	SF_6 断路器安装 户外 电压（kV）110	台	1	
GQ6-3	全站电缆敷设　控制电缆　全站	100m	4	
六	电缆防护设施			
2	电缆防火			
GQ6-10	电缆防火安装　防火堵料	t	0.006	
GQ6-11	电缆防火安装　防火涂料	t	0.003	
九	调试			
1	分系统调试			
调 JS1-26 R×0.3 C×0.3 J×0.3	配电装置系统 110kV	间隔	1	
2	启动调试			
调 JS2-11 R×0.3 C×0.3 J×0.3	配电装置试运　高压间隔设备 110kV	间隔	1	
3	特殊调试			
JS3-19	断路器耐压试验 110kV	台	1	
JS3-102	SF_6 气体试验 SF_6 取样	样	1	
JS3-103	SF_6 气体试验 SF_6 检漏	样	1	
JS3-104	SF_6 气体试验 SF_6 露点	样	1	
JS3-105	SF_6 气体试验 SF_6 成分	样	1	

续表

序号	项目名称	单位	数量	备注
	拆除工程			
一	建筑拆除			
2	主变压器及配电装置建筑			
2.2	110kV 构架及设备基础			
调 GJ1-6 R×20 C×20 J×20	机械施工土方　土方运距　每增加 1km	m³	19.44	
YJ21-9	拆除钢筋混凝土　基础	m³	9.72	
二	安装拆除			
2	配电装置			
2.2	屋外配电装置			
CQ2-18	SF₆ 断路器拆除　户外 电压（kV）110	台	1	
CQ3-35	引下线、跳线及设备连引线拆除 35～220kV（截面 mm² 以下）1000	组/三相	2	
CQ6-22	电缆拆除　截面积（mm² 以内）10	100m	4	

8.3　A5-3 更换 220kV 瓷柱式 SF₆ 断路器

8.3.1　典型方案主要内容

本典型方案为 1 台 220kV 瓷柱式 SF₆ 断路器（三相为 1 台）更换。内容包括：一次、二次设备引线拆除、安装；断路器拆除、安装；断路器一次、二次调试及油气及耐压试验；断路器基础拆除、安装；设备防污闪喷涂；防火封堵；接地改造。

8.3.2　典型方案主要技术条件

典型方案 A5-3 主要技术条件见表 8-17。

表8-17　　典型方案 A5-3 主要技术条件

方案名称	工程主要技术条件	
更换 220kV 瓷柱式 SF₆ 断路器	断路器型式	瓷柱式
	绝缘介质	SF₆
	额定电压（kV）	220
	额定电流（A）	4000
	额定短时耐受电流（kA）	50
	操作方式	分相操作
	安装场所	户外

8.3.3　典型方案概算书

概算投资为总投资，编制依据按 3.2 要求。典型方案 A5-3 概算书包括总概算汇总表、安装工程专业汇总表、建筑工程专业汇总表、拆除工程专业汇总表、其他费用概算表，分别见表 8-18～表 8-22。

表 8-18　　　　　　　　　　典型方案 A5-3 总概算汇总表　　　　　　　　　金额单位：万元

序号	工程或费用名称	金额	占工程总投资的比例（%）
一	建筑工程费	1.93	4.63
二	安装工程费	5.30	12.75
三	拆除工程费	1.54	3.70
四	设备购置费	28.55	68.59
五	其中：编制基准期价差	0.18	0.44
	小计	37.32	89.66
六	其他费用	4.30	10.34
七	基本预备费		
八	工程静态投资合计	41.62	100.00
九	可抵扣增值税金额		

表 8-19　　　　　　　　　　典型方案 A5-3 安装工程专业汇总表　　　　　　　　　金额单位：元

序号	工程或费用名称	安装工程费			设备购置费	合计
		主要材料费	安装费	小计		
	安装工程	19111	33936	53047	285458	338505
二	配电装置	18891	23368	42259	285458	327718
2	屋外配电装置	18891	23368	42259	285458	327718
2.1	220kV 配电装置	18891	23368	42259	285458	327718
六	电缆防护设施	104	123	227		227
2	电缆防火	104	123	227		227
七	全站接地	115		115		115
1	接地网	115		115		115
九	调试		10445	10445		10445
1	分系统调试		1827	1827		1827
2	启动调试		1533	1533		1533
3	特殊调试		7085	7085		7085
	其中：编制基准期价差		1001	1001		1001
	合计	19111	33936	53047	285458	338505

表 8-20   **典型方案 A5-3 建筑工程专业汇总表**   金额单位：元

序号	工程或费用名称	设备费	主要材料费	建筑费	建筑工程费合计
	建筑工程		10951	8304	19255
二	主变压器及配电装置建筑		10951	8304	19255
2	220kV 构架及设备基础		10951	8304	19255
2.1	架构及基础		10951	8304	19255
	其中：编制基准期价差		10	278	288
	合计		10951	8304	19255

表 8-21   **典型方案 A5-3 拆除工程专业汇总表**   金额单位：元

序号	工程或费用名称	拆除工程费
	拆除工程	15417
一	建筑拆除	8766
2	主变压器及配电装置建筑	8766
2.2	220kV 构架及设备基础	8766
二	安装拆除	6651
2	配电装置	6651
2.2	屋外配电装置	6651
	其中：编制基准期价差	541
	合计	15417

表 8-22   **典型方案 A5-3 其他费用概算表**   金额单位：元

序号	工程或费用名称	编制依据及计算说明	合价
2	项目管理费		10384
2.1	管理经费	（建筑工程费＋安装工程费）×3.5%	2531
2.2	招标费	（建筑工程费＋安装工程费＋拆除工程费）×1.85%	1623
2.3	工程监理费	（建筑工程费＋安装工程费＋拆除工程费）×4.5%	3947
2.4	设备监造费	设备购置费×0.8%	2284
3	项目技术服务费		32635
3.1	前期工作及评审费	（建筑工程费＋安装工程费）×2.75%	1988
3.2	工程勘察设计费		29551
3.2.2	设计费	设计费×100%	29551
3.3	初步设计文件评审费	基本设计费×3.5%	877
3.4	工程结算编制审查费	（建筑工程费＋安装工程费＋拆除工程费）×0.25%	219
	小计		43019

8.3.4 典型方案电气设备材料表

典型方案 A5-3 电气设备材料表见表 8-23。

表 8-23   典型方案 A5-3 电气设备材料表

序号	设备或材料名称	单位	数量	备注
	安装工程			
二	配电装置			
2	屋外配电装置			
2.1	220kV 配电装置			
500002128	220kVSF$_6$ 瓷柱式断路器，4000A，50kA，分相操作，户外	台	1	
100000003	220kV 软导线引下线	组（三相）	1	
100000007	220kV 软导线设备连线	组（三相）	1	
100000013	220kV 变电站控制电缆	km	0.500	
500028601	铜排，TMY，25×4	t	0.011	
500033976	电缆保护管，钢管，ϕ50	t	0.189	
500011755	绝缘涂料，PRTV	t	0.036	
六	电缆防护设施			
2	电缆防火			
500011738	防火堵料	t	0.006	
500011727	防火涂料	t	0.003	
七	全站接地			
1	接地网			
500011000	扁钢，60mm，8mm，Q235-A	t	0.023	

8.3.5 典型方案工程量表

典型方案 A5-3 工程量见表 8-24。

表 8-24   典型方案 A5-3 工程量表

序号	项目名称	单位	数量	备注
	建筑工程			
二	主变压器及配电装置建筑			
2	220kV 构架及设备基础			
2.1	架构及基础			
GJ2-8	独立基础 钢筋混凝土基础	m^3	13.860	
GJ7-11	普通钢筋	t	1.315	
	安装工程			
二	配电装置			
2	屋外配电装置			
2.1	220kV 配电装置			
GQ2-10	SF$_6$ 断路器安装 户外 电压（kV）220	台	1	

续表

序号	项目名称	单位	数量	备注
调 GQ3-37 R×1.4 C×1.4 J×1.4	矩形母线安装 截面（mm²）360	m	12	
GQ6-3	全站电缆敷设 控制电缆 全站	100m	5	
六	电缆防护设施			
2	电缆防火			
GQ6-10	电缆防火安装 防火堵料	t	0.006	
GQ6-11	电缆防火安装 防火涂料	t	0.003	
九	调试			
1	分系统调试			
调 JS1-27 R×0.3 C×0.3 J×0.3	配电装置系统 220kV	间隔	1	
2	启动调试			
调 JS2-12 R×0.3 C×0.3 J×0.3	配电装置试运 高压间隔设备 220kV	间隔	1	
3	特殊调试			
JS3-20	断路器耐压试验 220kV	台	1	
JS3-102	SF_6 气体试验 SF_6 取样	样	1	
JS3-103	SF_6 气体试验 SF_6 检漏	样	1	
JS3-104	SF_6 气体试验 SF_6 露点	样	1	
JS3-105	SF_6 气体试验 SF_6 成分	样	1	
	拆除工程			
一	建筑拆除			
2	主变压器及配电装置建筑			
2.2	220kV 构架及设备基础			
调 GJ1-6 R×20 C×20 J×20	机械施工土方 土方运距 每增加 1km	m³	27.720	
YJ21-9	拆除钢筋混凝土 基础	m³	13.860	
二	安装拆除			
2	配电装置			

序号	项目名称	单位	数量	备注
2.2	屋外配电装置			
CQ2-19	SF₆ 断路器拆除 户外 电压（kV）220	台	1	
CQ3-36	引下线、跳线及设备连引线拆除 35～220kV（截面 mm² 以下）1440	组 / 三相	2	
CQ6-22	电缆拆除 截面积（mm² 以内）10	100m	5	

8.4 A5-4 更换 500kV 瓷柱式 SF₆ 断路器

8.4.1 典型方案主要内容

本典型方案为 1 台 500kV 瓷柱式 SF₆ 断路器（三相为 1 台）更换。内容包括：一次、二次设备引线拆除、安装；断路器拆除、安装；断路器一次、二次调试及油气及耐压试验；断路器基础拆除、安装；设备防污闪喷涂；防火封堵；接地改造。

8.4.2 典型方案主要技术条件

典型方案 A5-4 主要技术条件见表 8-25。

表 8-25　　　　　　　　典型方案 A5-4 主要技术条件

方案名称	工程主要技术条件	
	断路器型式	瓷柱式
	绝缘介质	SF₆
	额定电压（kV）	550
更换 500kV 瓷柱式 SF₆ 断路器	额定电流（A）	4000
	额定短时耐受电流（kA）	63
	操作方式	分相操作
	安装场所	户外

8.4.3 典型方案概算书

概算投资为总投资，编制依据按 3.2 要求。典型方案 A5-4 概算书包括总概算汇总表、安装工程专业汇总表、建筑工程专业汇总表、拆除工程专业汇总表、其他费用概算表，分别见表 8-26～表 8-30。

表 8-26　　　　　　　　典型方案 A5-4 总概算汇总表　　　　　　　　金额单位：万元

序号	工程或费用名称	金额	占工程总投资的比例（%）
一	建筑工程费	3.78	3.40
二	安装工程费	20.69	18.60
三	拆除工程费	2.87	2.58

续表

序号	工程或费用名称	金额	占工程总投资的比例（%）
四	设备购置费	72.51	65.19
五	其中：编制基准期价差	0.49	0.44
	小计	99.84	89.77
六	其他费用	11.38	10.23
七	基本预备费		
八	工程静态投资合计	111.22	100.00
九	可抵扣增值税金额		

表 8-27   **典型方案 A5-4 安装工程专业汇总表**   金额单位：元

序号	工程或费用名称	安装工程费			设备购置费	合计
		主要材料费	安装费	小计		
	安装工程	90116	116767	206883	725058	931942
二	配电装置	89352	78528	167880	725058	892938
2	屋外配电装置	89352	78528	167880	725058	892938
2.1	500kV 配电装置	89352	78528	167880	725058	892938
六	电缆防护设施	540	445	985		985
2	电缆防火	540	445	985		985
七	全站接地	225		225		225
1	接地网	225		225		225
九	调试		37794	37794		37794
1	分系统调试		2784	2784		2784
2	启动调试		2410	2410		2410
3	特殊调试		32600	32600		32600
	其中：编制基准期价差		3127	3127		3127
	合计	90116	116767	206883	725058	931942

表 8-28   **典型方案 A5-4 建筑工程专业汇总表**   金额单位：元

序号	工程或费用名称	设备费	主要材料费	建筑费	建筑工程费合计
	建筑工程		16492	21290	37783
二	主变压器及配电装置建筑		16492	21290	37783
2	500kV 构架及设备基础		16492	21290	37783
2.2	设备支架及基础		16492	21290	37783
	其中：编制基准期价差		9	711	721
	合计		16492	21290	37783

表 8-29　　　　　典型方案 A5-4 拆除工程专业汇总表　　　　　金额单位：元

序号	工程或费用名称	拆除工程费
	拆除工程	28697
一	建筑拆除	8539
2	主变压器及配电装置建筑	8539
2.2	500kV 构架及设备基础	8539
二	安装拆除	20159
2	配电装置	20159
2.2	屋外配电装置	20159
	其中：编制基准期价差	1059
	合计	28697

表 8-30　　　　　典型方案 A5-4 其他费用概算表　　　　　金额单位：元

序号	工程或费用名称	编制依据及计算说明	合价
2	项目管理费		29547
2.1	管理经费	（建筑工程费＋安装工程费）×3.5%	8563
2.2	招标费	（建筑工程费＋安装工程费＋拆除工程费）×1.85%	5057
2.3	工程监理费	（建筑工程费＋安装工程费＋拆除工程费）×4.5%	12301
2.4	设备监造费	设备购置费×0.5%	3625
3	项目技术服务费		84231
3.1	前期工作及评审费	（建筑工程费＋安装工程费）×2.75%	6728
3.2	工程勘察设计费		74607
3.2.2	设计费	设计费×100%	74607
3.3	初步设计文件评审费	基本设计费×3.5%	2213
3.4	工程结算编制审查费	（建筑工程费＋安装工程费＋拆除工程费）×0.25%	683
	小计		113779

8.4.4　典型方案电气设备材料表

典型方案 A5-4 电气设备材料表见表 8-31。

表 8-31　　　　　典型方案 A5-4 电气设备材料表

序号	设备或材料名称	单位	数量	备注
	安装工程			
二	配电装置			
2	屋外配电装置			
2.1	500kV 配电装置			
500002133	500kVSF$_6$ 瓷柱式断路器，4000A，63kA，分相操作，户外	台	1	

序号	设备或材料名称	单位	数量	备注
100000004	500kV 软导线引下线	组（三相）	1	
100000008	500kV 软导线设备连线	组（三相）	1	
100000014	500kV 变电站控制电缆	km	2.600	
500028601	铜排，TMY，25×4	t	0.030	
500033976	电缆保护管，钢管，ϕ50	t	0.300	
500011755	绝缘涂料，PRTV	t	0.090	
六	电缆防护设施			
2	电缆防火			
500011738	防火堵料	t	0.006	
500011727	防火涂料	t	0.003	
七	全站接地			
1	接地网			
500011000	扁钢，60mm，8mm，Q235-A	t	0.045	

8.4.5 典型方案工程量表

典型方案 A5-4 工程量见表 8-32。

表 8-32　　典型方案 A5-4 工程量表

序号	项目名称	单位	数量	备注
	建筑工程			
二	主变压器及配电装置建筑			
2	500kV 构架及设备基础			
2.2	设备支架及基础			
GJ2-8	独立基础　钢筋混凝土基础	m³	13.5	
GJ7-11	普通钢筋	t	1.281	
GJ9-18	不含土方、基础、支架钢管设备支架	t	1.5	
	安装工程			
二	配电装置			
2	屋外配电装置			
2.1	500kV 配电装置			
GQ2-12	SF₆ 断路器安装户外电压（kV）500	台	1	
调 GQ3-37 R×1.4 C×1.4 J×1.4	矩形母线安装　截面（mm²）360	m	33	
GQ6-3	全站电缆敷设　控制电缆　全站	100m	26	

续表

序号	项目名称	单位	数量	备注
六	电缆防护设施			
2	电缆防火			
GQ6-10	电缆防火安装 防火堵料	t	0.006	
GQ6-11	电缆防火安装 防火涂料	t	0.003	
九	调试			
1	分系统调试			
调 JS1-29 R×0.3 C×0.3 J×0.3	配电装置系统 500kV	间隔	1	
2	启动调试			
调 JS2-14 R×0.3 C×0.3 J×0.3	配电装置试运 高压间隔设备 500kV	间隔	1	
3	特殊调试			
JS3-22	断路器耐压试验 500kV	台	1	
JS3-102	SF_6气体试验 SF_6取样	样	1	
JS3-103	SF_6气体试验 SF_6检漏	样	1	
JS3-104	SF_6气体试验 SF_6露点	样	1	
JS3-105	SF_6气体试验 SF_6成分	样	1	
	拆除工程			
一	建筑拆除			
2	主变压器及配电装置建筑			
2.2	500kV 构架及设备基础			
调 GJ1-6 R×20 C×20 J×20	机械施工土方 土方运距 每增加 1km	m^3	27	
YJ21-9	拆除钢筋混凝土 基础	m^3	13.5	
二	安装拆除			
2	配电装置			
2.2	屋外配电装置			
CQ2-21	SF_6断路器拆除 户外 电压（kV）500	台	1	
CQ3-40	引下线、跳线及设备连引线拆除 330～500kV（截面 mm^2 以下）2×1440	组/三相	2	
CQ6-22	电缆拆除 截面积（mm^2 以内）10	100m	26	

8.5 A5-5 更换500kV罐式SF$_6$断路器

8.5.1 典型方案主要内容

本典型方案为1台500kV罐式SF$_6$断路器（三相为1台）更换。内容包括：一次、二次设备引线拆除、安装；断路器拆除、安装；断路器一次、二次调试及油气及耐压试验；断路器基础拆除、安装；设备防污闪喷涂；防火封堵；接地改造。

8.5.2 典型方案主要技术条件

典型方案A5-5主要技术条件见表8-33。

表8-33 典型方案A5-5主要技术条件

方案名称	工程主要技术条件	
更换500kV罐式SF$_6$断路器	断路器型式	罐式
	绝缘介质	SF$_6$
	额定电压（kV）	550
	额定电流（A）	4000
	额定短时耐受电流（kA）	63
	操作方式	分相操作
	安装场所	户外

8.5.3 典型方案概算书

概算投资为总投资，编制依据按3.2要求。典型方案A5-5概算书包括总概算汇总表、安装工程专业汇总表、建筑工程专业汇总表、拆除工程专业汇总表、其他费用概算表，分别见表8-34～表8-38。

表8-34 典型方案A5-5总概算汇总表　　金额单位：万元

序号	工程或费用名称	金额	占工程总投资的比例（%）
一	建筑工程费	6.11	2.28
二	安装工程费	22.12	8.25
三	拆除工程费	6.55	2.45
四	设备购置费	211.19	78.80
五	其中：编制基准期价差	0.65	0.24
	小计	245.98	91.78
六	其他费用	22.02	8.22
七	基本预备费		
八	工程静态投资合计	268.00	100.00
九	可抵扣增值税金额		

表 8-35　　　　　　　　　　　　典型方案 A5-5 安装工程专业汇总表　　　　　　　　　　金额单位：元

序号	工程或费用名称	安装工程费			设备购置费	合计
		主要材料费	安装费	小计		
	安装工程	94107	127115	221222	2111931	2333153
二	配电装置	93778	89199	182977	2111931	2294907
2	屋外配电装置	93778	89199	182977	2111931	2294907
2.1	500kV 配电装置	93778	89199	182977	2111931	2294907
六	电缆防护设施	104	122	227		227
2	电缆防火	104	122	227		227
七	全站接地	225		225		225
1	接地网	225		225		225
九	调试		37794	37794		37794
1	分系统调试		2784	2784		2784
2	启动调试		2410	2410		2410
3	特殊调试		32600	32600		32600
	其中：编制基准期价差		3412	3412		3412
	合计	94107	127115	221222	2111931	2333153

表 8-36　　　　　　　　　　　　典型方案 A5-5 建筑工程专业汇总表　　　　　　　　　　金额单位：元

序号	工程或费用名称	设备费	主要材料费	建筑费	建筑工程费合计
	建筑工程		37844	23304	61148
二	主变压器及配电装置建筑		37844	23304	61148
2	500kV 构架及设备基础		37844	23304	61148
2.2	设备支架及基础		37844	23304	61148
	其中：编制基准期价差		24	739	762
	合计		37844	23304	61148

表 8-37　　　　　　　　　　　　典型方案 A5-5 拆除工程专业汇总表　　　　　　　　　　金额单位：元

序号	工程或费用名称	拆除工程费
	拆除工程	65548
一	建筑拆除	42693
2	主变压器及配电装置建筑	42693
2.2	500kV 构架及设备基础	42693
二	安装拆除	22855
2	配电装置	22855
2.2	屋外配电装置	22855
	其中：编制基准期价差	2371
	合计	65548

表 8-38 　　　　　　　　**典型方案 A5-5 其他费用概算表** 　　　　　　金额单位：元

序号	工程或费用名称	编制依据及计算说明	合价
2	项目管理费		42535
2.1	管理经费	（建筑工程费＋安装工程费）×3.5%	9883
2.2	招标费	（建筑工程费＋安装工程费＋拆除工程费）×1.85%	6436
2.3	工程监理费	（建筑工程费＋安装工程费＋拆除工程费）×4.5%	15656
2.4	设备监造费	设备购置费×0.5%	10560
3	项目技术服务费		177652
3.1	前期工作及评审费	（建筑工程费＋安装工程费）×2.75%	7765
3.2	工程勘察设计费		164148
3.2.2	设计费	设计费×100%	164148
3.3	初步设计文件评审费	基本设计费×3.5%	4869
3.4	工程结算编制审查费	（建筑工程费＋安装工程费＋拆除工程费）×0.25%	870
	小计		220188

8.5.4 典型方案电气设备材料表

典型方案 A5-5 电气设备材料表见表 8-39。

表 8-39 　　　　　　　　　　**典型方案 A5-5 电气设备材料表**

序号	设备或材料名称	单位	数量	备注
	安装工程			
二	配电装置			
2	屋外配电装置			
2.1	500kV 配电装置			
500000811	500kVSF$_6$罐式断路器，4000A，63kA，分相操作，户外，液压	台	1	
100000004	500kV 软导线引下线	组（三相）	1	
100000008	500kV 软导线设备连线	组（三相）	1	
100000014	500kV 变电站控制电缆	km	2.800	
500028601	铜排，TMY，25×4	t	0.030	
500033976	电缆保护管，钢管，ϕ50	t	0.300	
500011755	绝缘涂料，PRTV	t	0.090	
六	电缆防护设施			
2	电缆防火			
500011738	防火堵料	t	0.006	
500011727	防火涂料	t	0.003	
七	全站接地			
1	接地网			
500011000	扁钢，60mm，8mm，Q235-A	t	0.045	

8.5.5 典型方案工程量表

典型方案 A5-5 工程量见表 8-40。

表 8-40
典型方案 A5-5 工程量表

序号	项目名称	单位	数量	备注
	建筑工程			
二	主变压器及配电装置建筑			
2	500kV 构架及设备基础			
2.2	设备支架及基础			
GJ2-8	独立基础 钢筋混凝土基础	m³	33.750	
GJ7-11	普通钢筋	t	3.203	
GJ9-18	不含土方、基础、支架 钢管设备支架	t	1.500	
	安装工程			
二	配电装置			
2	屋外配电装置			
2.1	500kV 配电装置			
调 GQ2-12 R × 1.2 C × 1.2 J × 1.2	SF₆ 断路器安装 户外 电压（kV）500	台	1	
调 GQ3-37 R × 1.4 C × 1.4 J × 1.4	矩形母线安装 截面（mm²）360	m	33	
GQ6-3	全站电缆敷设 控制电缆 全站	100m	28	
六	电缆防护设施			
2	电缆防火			
GQ6-10	电缆防火安装 防火堵料	t	0.006	
GQ6-11	电缆防火安装 防火涂料	t	0.003	
九	调试			
1	分系统调试			
调 JS1-29 R × 0.3 C × 0.3 J × 0.3	配电装置系统 500kV	间隔	1	
2	启动调试			
调 JS2-14 R × 0.3 C × 0.3 J × 0.3	配电装置试运 高压间隔设备 500kV	间隔	1	

续表

序号	项目名称	单位	数量	备注
3	特殊调试			
JS3-22	断路器耐压试验 500kV	台	1	
JS3-102	SF_6 气体试验 SF_6 取样	样	1	
JS3-103	SF_6 气体试验 SF_6 检漏	样	1	
JS3-104	SF_6 气体试验 SF_6 露点	样	1	
JS3-105	SF_6 气体试验 SF_6 成分	样	1	
	拆除工程			
一	建筑拆除			
2	主变压器及配电装置建筑			
2.2	500kV 构架及设备基础			
调 GJ1-6 $R \times 20$ $C \times 20$ $J \times 20$	机械施工土方　土方运距　每增加 1km	m^3	135	
YJ21-9	拆除钢筋混凝土基础	m^3	67.500	
二	安装拆除			
2	配电装置			
2.2	屋外配电装置			
调 CQ2-21 $R \times 1.2$ $C \times 1.2$ $J \times 1.2$	SF_6 断路器拆除　户外　电压（kV）500	台	1	
CQ3-40	引下线、跳线及设备连引线拆除 330～500kV （截面 mm^2 以下）2×1440	组/三相	2	
CQ6-22	电缆拆除　截面积（mm^2 以内）10	100m	28	

第9章 更换电流互感器

典型方案说明 ⊶‧‧‧

更换电流互感器典型方案共4个：按照电压等级、设备型式分为66~500kV（300kV除外）不同类型的典型方案。所有典型方案的工作范围只包含电流互感器本体，不包含相应二次设备更换。

9.1 A6-1更换66kV电流互感器

9.1.1 典型方案主要内容

本典型方案为1台66kV电流互感器（一相为1台）更换。内容包括：一次、二次设备引线拆除、安装；电流互感器拆除、安装；电流互感器基础拆除、安装；电流互感器绝缘油试验及一次、二次调试；设备防污闪喷涂；防火封堵；接地改造。

9.1.2 典型方案主要技术条件

典型方案A6-1主要技术条件见表9-1。

表9-1 典型方案A6-1主要技术条件

方案名称	工程主要技术条件	
更换66kV电流互感器	设备型式	油浸正立式
	额定电压（kV）	66
	额定一次电流（A）	2×300
	额定二次电流（A）	5
	二次绕组数	4
	安装场所	户外

9.1.3 典型方案概算书

概算投资为总投资，编制依据按3.2要求。典型方案A6-1概算书包括总概算汇总表、安装工程专业汇总表、建筑工程专业汇总表、拆除工程专业汇总表、其他费用概算表，分别见表9-2~表9-6。

表9-2 典型方案A6-1总概算汇总表 金额单位：万元

序号	工程或费用名称	金额	占工程总投资的比例（%）
一	建筑工程费	0.60	13.08
二	安装工程费	2.09	45.33

续表

序号	工程或费用名称	金额	占工程总投资的比例（%）
三	拆除工程费	0.22	4.87
四	设备购置费	1.02	22.06
五	其中：编制基准期价差	0.06	1.25
	小计	3.94	85.33
六	其他费用	0.68	14.67
七	基本预备费		
八	工程静态投资合计	4.61	100.00
九	可抵扣增值税金额		

表 9-3   **典型方案 A6-1 安装工程专业汇总表**   金额单位：元

序号	工程或费用名称	安装工程费			设备购置费	合计
		主要材料费	安装费	小计		
	安装工程	6193	14725	20918	10179	31097
二	配电装置	5974	5404	11378	10179	21557
2	屋外配电装置	5974	5404	11378	10179	21557
2.1	66kV 配电装置	5974	5404	11378	10179	21557
六	电缆防护设施	104	123	228		228
2	电缆防火	104	123	228		228
七	全站接地	115		115		115
1	接地网	115		115		115
九	调试		9198	9198		9198
1	分系统调试		1045	1045		1045
2	启动调试		963	963		963
3	特殊调试		7190	7190		7190
	其中：编制基准期价差		439	439		439
	合计	6193	14725	20918	10179	31097

表 9-4   **典型方案 A6-1 建筑工程专业汇总表**   金额单位：元

序号	工程或费用名称	设备费	主要材料费	建筑费	建筑工程费合计
	建筑工程		4113	1922	6035
二	主变压器及配电装置建筑		4113	1922	6035
2	66kV 构架及设备基础		4113	1922	6035
2.2	设备支架及基础		4113	1922	6035
	其中：编制基准期价差		1	48	49
	合计		4113	1922	6035

表 9-5　　　　　　　　**典型方案 A6-1 拆除工程专业汇总表**　　　　金额单位：元

序号	工程或费用名称	拆除工程费
	拆除工程	2245
一	建筑拆除	949
2	主变压器及配电装置建筑	949
2.2	66kV 构架及设备基础	949
二	安装拆除	1296
2	配电装置	1296
2.2	屋外配电装置	1296
	其中：编制基准期价差	90
	合计	2245

表 9-6　　　　　　　　**典型方案 A6-1 其他费用概算表**　　　　金额单位：元

序号	工程或费用名称	编制依据及计算说明	合价
2	项目管理费		2798
2.1	管理经费	（建筑工程费＋安装工程费）×3.5%	943
2.2	招标费	（建筑工程费＋安装工程费＋拆除工程费）×1.85%	540
2.3	工程监理费	（建筑工程费＋安装工程费＋拆除工程费）×4.5%	1314
3	项目技术服务费		3972
3.1	前期工作及评审费	（建筑工程费＋安装工程费）×2.75%	741
3.2	工程勘察设计费		3067
3.2.2	设计费	设计费×100%	3067
3.3	初步设计文件评审费	基本设计费×3.5%	91
3.4	工程结算编制审查费	（建筑工程费＋安装工程费＋拆除工程费）×0.25%	73
	小计		6770

9.1.4　典型方案电气设备材料表

典型方案 A6-1 电气设备材料表见表 9-7。

表 9-7　　　　　　　　**典型方案 A6-1 电气设备材料表**

序号	设备或材料名称	单位	数量	备注
	安装工程			
二	配电装置			
2	屋外配电装置			
2.1	66kV 配电装置			
500061510	66kV 油浸电磁 TA，2×300/5，0.5，5P，4，50，正立	台	1	
100000002	110kV 软导线引下线	组（三相）	0.333	
100000006	110kV 软导线设备连线	组（三相）	0.333	

续表

序号	设备或材料名称	单位	数量	备注
100000011	66kV变电站控制电缆	km	0.300	
500033976	电缆保护管，钢管，ϕ50	t	0.035	
500011755	绝缘涂料，PRTV	t	0.003	
六	电缆防护设施			
2	电缆防火			
500011727	防火涂料	t	0.003	
500011738	防火堵料	t	0.006	
七	全站接地			
1	接地网			
500010951	扁钢，50mm，5mm，Q235-A	t	0.023	

9.1.5 典型方案工程量表

典型方案A6-1工程量见表9-8。

表 9-8   **典型方案A6-1工程量表**

序号	项目名称	单位	数量	备注
	建筑工程			
二	主变压器及配电装置建筑			
2	66kV构架及设备基础			
2.2	设备支架及基础			
GJ2-8	独立基础 钢筋混凝土基础	m³	1.500	
GJ7-11	普通钢筋	t	0.157	
GJ9-18	不含土方、基础、支架 钢管设备支架	t	0.400	
	地脚螺栓	t	0.045	
	安装工程			
二	配电装置			
2	屋外配电装置			
2.1	66kV配电装置			
调GQ2-175 R×0.88 C×0.88 J×0.88	户外型电流互感器安装 电压（kV以下）110	台	1	
GQ6-3	全站电缆敷设 控制电缆 全站	100m	3	
六	电缆防护设施			
2	电缆防火			
GQ6-10	电缆防火安装 防火堵料	t	0.006	

序号	项目名称	单位	数量	备注
GQ6-11	电缆防火安装 防火涂料	t	0.003	
九	调试			
1	分系统调试			
调JS1-26 R×0.264 C×0.264 J×0.264	配电装置系统 110kV	间隔	1	
2	启动调试			
调JS2-11 R×0.264 C×0.264 J×0.264	配电装置试运 高压间隔设备 110kV	间隔	1	
3	特殊调试			
调JS3-61 R×0.88 C×0.88 J×0.88	互感器耐压试验 110kV	台	1	
JS3-87	绝缘油试验 注射器取样	样	2	
JS3-94	绝缘油试验 水分（微水）试验	样	1	
JS3-95	绝缘油试验 色谱分析	样	1	
调JS3-121 R×0.88 C×0.88 J×0.88	电流互感器误差试验 110kV	组	0.333	
	拆除工程			
一	建筑拆除			
2	主变压器及配电装置建筑			
2.2	66kV 构架及设备基础			
调GJ1-6 R×20 C×20 J×20	机械施工土方 土方运距 每增加 1km	m³	3	
YJ21-9	拆除钢筋混凝土 基础	m³	1.500	
二	安装拆除			
2	配电装置			
2.2	屋外配电装置			

序号	项目名称	单位	数量	备注
调 CQ2-184 R×0.88 C×0.88 J×0.88	户外型电流互感器拆除　电压（kV 以下）110	台	1	
CQ3-34	引下线、跳线及设备连引线拆除 35～220kV （截面 mm² 以下）600	组 / 三相	0.667	
CQ6-22	电缆拆除　截面积（mm² 以内）10	100m	3	

9.2 A6-2 更换 110kV 电流互感器

9.2.1 典型方案主要内容

本典型方案为 1 台 110kV 电流互感器（一相为 1 台）更换。内容包括：一次、二次设备引线拆除、安装；电流互感器拆除、安装；电流互感器基础拆除、安装；电流互感器绝缘油试验及一次、二次调试；设备防污闪喷涂；防火封堵；接地改造。

9.2.2 典型方案主要技术条件

典型方案 A6-2 主要技术条件见表 9-9。

表 9-9　　　　　　　　　　**典型方案 A6-2 主要技术条件**

方案名称	工程主要技术条件	
更换 110kV 电流互感器	设备型式	油浸正立式
	额定电压（kV）	110
	额定一次电流（A）	2×600
	额定二次电流（A）	5
	二次绕组数	5
	安装场所	户外

9.2.3 典型方案概算书

概算投资为总投资，编制依据按 3.2 要求。典型方案 A6-2 概算书包括总概算汇总表、安装工程专业汇总表、建筑工程专业汇总表、拆除工程专业汇总表、其他费用概算表，分别见表 9-10～表 9-14。

表 9-10　　　　　　　　　　**典型方案 A6-2 总概算汇总表**　　　　　金额单位：万元

序号	工程或费用名称	金额	占工程总投资的比例（%）
一	建筑工程费	0.60	12.11
二	安装工程费	2.34	46.90
三	拆除工程费	0.23	4.65

续表

序号	工程或费用名称	金额	占工程总投资的比例（%）
四	设备购置费	1.08	21.60
五	其中：编制基准期价差	0.06	1.23
	小计	4.25	85.25
六	其他费用	0.73	14.75
七	基本预备费		
八	工程静态投资合计	4.98	100.00
九	可抵扣增值税金额		

表 9-11　　　　　　　　　　　**典型方案 A6-2 安装工程专业汇总表**　　　　　金额单位：元

序号	工程或费用名称	安装工程费			设备购置费	合计
		主要材料费	安装费	小计		
	安装工程	7494	15880	23374	10764	34138
二	配电装置	7290	5598	12888	10764	23652
2	屋外配电装置	7290	5598	12888	10764	23652
2.1	110kV 配电装置	7290	5598	12888	10764	23652
六	电缆防护设施	90	128	218		218
2	电缆防火	90	128	218		218
七	全站接地	115		115		115
1	接地网	115		115		115
九	调试		10153	10153		10153
1	分系统调试		1187	1187		1187
2	启动调试		1094	1094		1094
3	特殊调试		7872	7872		7872
	其中：编制基准期价差		470	470		470
	合计	7494	15880	23374	10764	34138

表 9-12　　　　　　　　　　　**典型方案 A6-2 建筑工程专业汇总表**　　　　　金额单位：元

序号	工程或费用名称	设备费	主要材料费	建筑费	建筑工程费合计
	建筑工程		4113	1922	6035
二	主变压器及配电装置建筑		4113	1922	6035
2	110kV 构架及设备基础		4113	1922	6035
2.2	设备支架及基础		4113	1922	6035
	其中：编制基准期价差		1	48	49
	合计		4113	1922	6035

表 9-13   典型方案 A6-2 拆除工程专业汇总表   金额单位：元

序号	工程或费用名称	拆除工程费
	拆除工程	2315
一	建筑拆除	949
2	主变压器及配电装置建筑	949
2.2	110kV 构架及设备基础	949
二	安装拆除	1366
2	配电装置	1366
2.2	屋外配电装置	1366
	其中：编制基准期价差	92
	合计	2315

表 9-14   典型方案 A6-2 其他费用概算表   金额单位：元

序号	工程或费用名称	编制依据及计算说明	合价
2	项目管理费		3044
2.1	管理经费	（建筑工程费 + 安装工程费）× 3.5%	1029
2.2	招标费	（建筑工程费 + 安装工程费 + 拆除工程费）× 1.85%	587
2.3	工程监理费	（建筑工程费 + 安装工程费 + 拆除工程费）× 4.5%	1428
3	项目技术服务费		4305
3.1	前期工作及评审费	（建筑工程费 + 安装工程费）× 2.75%	809
3.2	工程勘察设计费		3318
3.2.2	设计费	设计费 × 100%	3318
3.3	初步设计文件评审费	基本设计费 × 3.5%	98
3.4	工程结算编制审查费	（建筑工程费 + 安装工程费 + 拆除工程费）× 0.25%	79
	小计		7349

9.2.4 典型方案电气设备材料表

典型方案 A6-2 电气设备材料表见表 9-15。

表 9-15   典型方案 A6-2 电气设备材料表

序号	设备或材料名称	单位	数量	备注
	安装工程			
二	配电装置			
2	屋外配电装置			
2.1	110kV 配电装置			
500034078	110kV 油浸电磁 TA，2×600/5，0.5，10P，5，40，正立	台	1	
100000002	110kV 软导线引下线	组（三相）	0.333	

序号	设备或材料名称	单位	数量	备注
100000006	110kV 软导线设备连线	组（三相）	0.333	
100000012	110kV 变电站控制电缆	km	0.300	
500033976	电缆保护管，钢管，$\phi50$	t	0.035	
500011755	绝缘涂料，PRTV	t	0.018	
六	电缆防护设施			
2	电缆防火			
500011727	防火涂料	t	0.003	
500011738	防火堵料	t	0.006	
七	全站接地			
1	接地网			
500011000	扁钢，60mm，8mm，Q235-A	t	0.023	

9.2.5　典型方案工程量表

典型方案 A6-2 工程量见表 9-16。

表 9-16　　　　　　　　　典型方案 A6-2 工程量表

序号	项目名称	单位	数量	备注
	建筑工程			
二	主变压器及配电装置建筑			
2	110kV 构架及设备基础			
2.2	设备支架及基础			
GJ2-8	独立基础　钢筋混凝土基础	m³	1.500	
GJ7-11	普通钢筋	t	0.015	
GJ9-18	不含土方、基础、支架　钢管设备支架	t	0.400	
	地脚螺栓	t	0.045	
	安装工程			
二	配电装置			
2	屋外配电装置			
2.1	110kV 配电装置			
GQ2-175	户外型电流互感器安装　电压（kV 以下）110	台	1	
GQ6-3	全站电缆敷设　控制电缆　全站	100m	3	
六	电缆防护设施			
2	电缆防火			
GQ6-10	电缆防火安装　防火堵料	t	0.006	
GQ6-11	电缆防火安装　防火涂料	t	0.003	

序号	项目名称	单位	数量	备注
九	调试			
1	分系统调试			
调 JS2-11 R×0.3 C×0.3 J×0.3	配电装置试运　高压间隔设备 110kV	间隔	1	
2	启动调试			
调 JS2-11 R×0.3 C×0.3 J×0.3	配电装置试运　高压间隔设备 110kV	间隔	1	
3	特殊调试			
JS3-61	互感器耐压试验 110kV	台	1	
JS3-87	绝缘油试验　注射器取样	样	2	
JS3-94	绝缘油试验　水分（微水）试验	样	1	
JS3-95	绝缘油试验　色谱分析	样	1	
JS3-121	电流互感器误差试验 110kV	组	0.333	
	拆除工程			
一	建筑拆除			
2	主变压器及配电装置建筑			
2.2	110kV 构架及设备基础			
调 GJ1-6 R×20 C×20 J×20	机械施工土方　土方运距　每增加 1km	m³	3	
YJ21-9	拆除钢筋混凝土　基础	m³	1.500	
二	安装拆除			
2	配电装置			
2.2	屋外配电装置			
CQ2-184	户外型电流互感器拆除　电压（kV 以下）110	台	1	
CQ3-34	引下线、跳线及设备连引线拆除 35～220kV （截面 mm² 以下）600	组/三相	0.667	
CQ6-22	电缆拆除　截面积（mm² 以内）10	100m	3	

9.3 A6-3 更换 220kV 电流互感器

9.3.1 典型方案主要内容

本典型方案为 1 台 220kV 电流互感器（一相为 1 台）更换。内容包括：一次、二次设备引线拆除、安装；电流互感器拆除、安装；电流互感器基础拆除、安装；电流互感器绝缘油试验及一次、二次调试；设备防污闪喷涂；防火封堵；接地改造。

9.3.2 典型方案主要技术条件

典型方案 A6-3 主要技术条件见表 9-17。

表 9-17 典型方案 A6-3 主要技术条件

方案名称	工程主要技术条件	
更换 220kV 电流互感器	设备型式	油浸正立式
	额定电压（kV）	220
	额定一次电流（A）	2×800
	额定二次电流（A）	5
	二次绕组数	6
	安装场所	户外

9.3.3 典型方案概算书

概算投资为总投资，编制依据按 3.2 要求。典型方案 A6-3 概算书包括总概算汇总表、安装工程专业汇总表、建筑工程专业汇总表、拆除工程专业汇总表、其他费用概算表，分别见表 9-18～表 9-22。

表 9-18 典型方案 A6-3 总概算汇总表 金额单位：万元

序号	工程或费用名称	金额	占工程总投资的比例（%）
一	建筑工程费	0.60	7.36
二	安装工程费	3.29	40.10
三	拆除工程费	0.26	3.14
四	设备购置费	2.95	36.00
五	其中：编制基准期价差	0.08	0.95
	小计	7.10	86.60
六	其他费用	1.10	13.40
七	基本预备费		
八	工程静态投资合计	8.20	100.00
九	可抵扣增值税金额		

表 9-19　　　　　　　　　典型方案 A6-3 安装工程专业汇总表　　　　　　金额单位：元

序号	工程或费用名称	安装工程费			设备购置费	合计
		主要材料费	安装费	小计		
	安装工程	10219	22661	32881	29531	62412
二	配电装置	10014	6649	16664	29531	46195
2	屋外配电装置	10014	6649	16664	29531	46195
2.1	220kV 配电装置	10014	6649	16664	29531	46195
六	电缆防护设施	90	128	218		218
2	电缆防火	90	128	218		218
七	全站接地	115		115		115
1	接地网	115		115		115
九	调试		15884	15884		15884
1	分系统调试		1827	1827		1827
2	启动调试		1533	1533		1533
3	特殊调试		12524	12524		12524
	其中：编制基准期价差		628	628		628
	合计	10219	22661	32881	29531	62412

表 9-20　　　　　　　　　典型方案 A6-3 建筑工程专业汇总表　　　　　　金额单位：元

序号	工程或费用名称	设备费	主要材料费	建筑费	建筑工程费合计
	建筑工程		4113	1922	6035
二	主变压器及配电装置建筑		4113	1922	6035
2	220kV 构架及设备基础		4113	1922	6035
2.2	设备支架及基础		4113	1922	6035
	其中：编制基准期价差		1	48	49
	合计		4113	1922	6035

表 9-21　　　　　　　　　典型方案 A6-3 拆除工程专业汇总表　　　　　　金额单位：元

序号	工程或费用名称	拆除工程费
	拆除工程	2571
一	建筑拆除	949
2	主变压器及配电装置建筑	949
2.2	220kV 构架及设备基础	949
二	安装拆除	1623
2	配电装置	1623
2.2	屋外配电装置	1623
	其中：编制基准期价差	99
	合计	2571

表 9-22　　　　　　　　典型方案 A6-3 其他费用概算表　　　　　　　金额单位：元

序号	工程或费用名称	编制依据及计算说明	合价
2	项目管理费		3997
2.1	管理经费	（建筑工程费＋安装工程费）×3.5%	1362
2.2	招标费	（建筑工程费＋安装工程费＋拆除工程费）×1.85%	768
2.3	工程监理费	（建筑工程费＋安装工程费＋拆除工程费）×4.5%	1867
3	项目技术服务费		6995
3.1	前期工作及评审费	（建筑工程费＋安装工程费）×2.75%	1070
3.2	工程勘察设计费		5654
3.2.2	设计费	设计费×100%	5654
3.3	初步设计文件评审费	基本设计费×3.5%	168
3.4	工程结算编制审查费	（建筑工程费＋安装工程费＋拆除工程费）×0.25%	104
	小计		10992

9.3.4　典型方案电气设备材料表

典型方案 A6-3 电气设备材料表见表 9-23。

表 9-23　　　　　　　　典型方案 A6-3 电气设备材料表

序号	设备或材料名称	单位	数量	备注
	安装工程			
二	配电装置			
2	屋外配电装置			
2.1	220kV 配电装置			
500034009	220kV 油浸电磁 TA，2×800/5，0.5，10P，6，50，正立	台	1	
100000003	220kV 软导线引下线	组（三相）	0.333	
100000007	220kV 软导线设备连线	组（三相）	0.333	
100000013	220kV 变电站控制电缆	km	0.3	
500033976	电缆保护管，钢管，φ50	t	0.035	
500011755	绝缘涂料，PRTV	t	0.036	
六	电缆防护设施			
2	电缆防火			
500011727	防火涂料	t	0.003	
500011738	防火堵料	t	0.006	
七	全站接地			
1	接地网			
500011000	扁钢，60mm，8mm，Q235-A	t	0.023	

9.3.5 典型方案工程量表

典型方案 A6-3 工程量见表 9-24。

表 9-24   **典型方案 A6-3 工程量表**

序号	项目名称	单位	数量	备注
	建筑工程			
二	主变压器及配电装置建筑			
2	220kV 构架及设备基础			
2.2	设备支架及基础			
GJ2-8	独立基础　钢筋混凝土基础	m³	1.5	
GJ7-11	普通钢筋	t	0.015	
GJ9-18	不含土方、基础、支架　钢管设备支架	t	0.4	
	地脚螺栓	t	0.045	
	安装工程			
二	配电装置			
2	屋外配电装置			
2.1	220kV 配电装置			
GQ2-176	户外型电流互感器安装　电压（kV 以下）220	台	1	
GQ6-3	全站电缆敷设　控制电缆　全站	100m	3	
六	电缆防护设施			
2	电缆防火			
GQ6-10	电缆防火安装　防火堵料	t	0.006	
GQ6-11	电缆防火安装　防火涂料	t	0.003	
九	调试			
1	分系统调试			
调 JS1-27 R×0.3 C×0.3 J×0.3	配电装置系统 220kV	间隔	1	
2	启动调试			
调 JS2-12 R×0.3 C×0.3 J×0.3	配电装置试运　高压间隔设备 220kV	间隔	1	
3	特殊调试			
JS3-62	互感器耐压试验 220kV	台	1	
JS3-87	绝缘油试验　注射器取样	样	2	
JS3-94	绝缘油试验　水分（微水）试验	样	1	

续表

序号	项目名称	单位	数量	备注
JS3-95	绝缘油试验 色谱分析	样	1	
JS3-122	电流互感器误差试验 220kV	组	0.333	
	拆除工程			
一	建筑拆除			
2	主变压器及配电装置建筑			
2.2	220kV 构架及设备基础			
调 GJ1-6 R×20 C×20 J×20	机械施工土方 土方运距 每增加 1km	m³	3	
YJ21-9	拆除钢筋混凝土 基础	m³	1.5	
二	安装拆除			
2	配电装置			
2.2	屋外配电装置			
CQ2-185	户外型电流互感器拆除 电压（kV 以下）220	台	1	
CQ3-37	引下线、跳线及设备连引线拆除 35～220kV （截面 mm² 以下）2x1440	组/三相	0.667	
CQ6-22	电缆拆除 截面积（mm² 以内）10	100m	3	

9.4 A6-4 更换 500kV 电流互感器

9.4.1 典型方案主要内容

本典型方案为 1 台 500kV 电流互感器（一相为 1 台）更换。内容包括：一次、二次设备引线拆除、安装；电流互感器拆除、安装；电流互感器基础拆除、安装；电流互感器绝缘油试验及一次、二次调试；设备防污闪喷涂；防火封堵；接地改造。

9.4.2 典型方案主要技术条件

典型方案 A6-4 主要技术条件见表 9-25。

表 9-25 　　　　　　　　　　　典型方案 A6-4 主要技术条件

方案名称	工程主要技术条件	
	设备型式	油浸倒立式
	额定电压（kV）	550
更换 500kV 电流互感器	额定一次电流（A）	2×1250
	额定二次电流（A）	1
	二次绕组数	8
	安装场所	户外

9.4.3 典型方案概算书

概算投资为总投资，编制依据按 3.2 要求。典型方案 A6-4 概算书包括总概算汇总表、安装工程专业汇总表、建筑工程专业汇总表、拆除工程专业汇总表、其他费用概算表，分别见表 9-26～表 9-30。

表 9-26　　　　　　　　　　　**典型方案 A6-4 总概算汇总表**　　　　　　　金额单位：万元

序号	工程或费用名称	金额	占工程总投资的比例（%）
一	建筑工程费	0.94	3.37
二	安装工程费	5.97	21.43
三	拆除工程费	0.52	1.85
四	设备购置费	17.43	62.60
五	其中：编制基准期价差	0.12	0.44
	小计	24.85	89.26
六	其他费用	2.99	10.74
七	基本预备费		
八	工程静态投资合计	27.84	100.00
九	可抵扣增值税金额		

表 9-27　　　　　　　　　　　**典型方案 A6-4 安装工程专业汇总表**　　　　　　　金额单位：元

序号	工程或费用名称	安装工程费			设备购置费	合计
		主要材料费	安装费	小计		
	安装工程	26185	33486	59672	174303	233974
二	配电装置	25926	12053	37978	174303	212281
2	屋外配电装置	25926	12053	37978	174303	212281
2.1	500kV 配电装置	25926	12053	37978	174303	212281
六	电缆防护设施	90	127	217		217
2	电缆防火	90	127	217		217
七	全站接地	170		170		170
1	接地网	170		170		170
九	调试		21307	21307		21307
1	分系统调试		2784	2784		2784
2	启动调试		2410	2410		2410
3	特殊调试		16112	16112		16112
	其中：编制基准期价差		935	935		935
	合计	26185	33486	59672	174303	233974

表 9-28 典型方案 A6-4 建筑工程专业汇总表 金额单位：元

序号	工程或费用名称	设备费	主要材料费	建筑费	建筑工程费合计
	建筑工程		6321	3070	9391
二	主变压器及配电装置建筑		6321	3070	9391
2	500kV 构架及设备基础		6321	3070	9391
2.2	设备支架及基础		6321	3070	9391
	其中： 编制基准期价差		3	83	85
	合计		6321	3070	9391

表 9-29 典型方案 A6-4 拆除工程专业汇总表 金额单位：元

序号	工程或费用名称	拆除工程费
	拆除工程	5165
一	建筑拆除	2328
2	主变压器及配电装置建筑	2328
2.2	500kV 构架及设备基础	2328
二	安装拆除	2837
2	配电装置	2837
2.2	屋外配电装置	2837
	其中： 编制基准期价差	197
	合计	5165

表 9-30 典型方案 A6-4 其他费用概算表 金额单位：元

序号	工程或费用名称	编制依据及计算说明	合价
2	项目管理费		7131
2.1	管理经费	（建筑工程费＋安装工程费）×3.5%	2417
2.2	招标费	（建筑工程费＋安装工程费＋拆除工程费）×1.85%	1373
2.3	工程监理费	（建筑工程费＋安装工程费＋拆除工程费）×4.5%	3340
3	项目技术服务费		22783
3.1	前期工作及评审费	（建筑工程费＋安装工程费）×2.75%	1899
3.2	工程勘察设计费		20102
3.2.2	设计费	设计费×100%	20102
3.3	初步设计文件评审费	基本设计费×3.5%	596
3.4	工程结算编制审查费	（建筑工程费＋安装工程费＋拆除工程费）×0.25%	186
	小计		29914

9.4.4 典型方案电气设备材料表

典型方案 A6-4 电气设备材料表见表 9-31。

表 9-31 典型方案 A6-4 电气设备材料表

序号	设备或材料名称	单位	数量	备注
	安装工程			
二	配电装置			
2	屋外配电装置			
2.1	500kV 配电装置			
500066594	500kV 油浸电磁 TA，2×1250/1，0.5，TPY，8，10，倒立	台	1	
100000004	500kV 软导线引下线	组（三相）	0.333	
100000008	500kV 软导线设备连线	组（三相）	0.333	
100000014	500kV 变电站控制电缆	km	0.500	
500033976	电缆保护管，钢管，ϕ50	t	0.053	
500011755	绝缘涂料，PRTV	t	0.100	
六	电缆防护设施			
2	电缆防火			
500011727	防火涂料	t	0.003	
500011738	防火堵料	t	0.006	
1	接地网			
500011000	扁钢，60mm，8mm，Q235-A	t	0.034	
1	接地网		1	

9.4.5 典型方案工程量表

典型方案 A6-4 工程量见表 9-32。

表 9-32 典型方案 A6-4 工程量表

序号	项目名称	单位	数量	备注
	建筑工程			
二	主变压器及配电装置建筑			
2	500kV 构架及设备基础			
2.2	设备支架及基础			
GJ2-8	独立基础　钢筋混凝土基础	m³	3.68	
GJ7-11	普通钢筋	t	0.020	
GJ9-18	不含土方、基础、支架　钢管设备支架	t	0.551	
	地脚螺栓	t	0.045	
	安装工程			
二	配电装置			
2	屋外配电装置			
2.1	500kV 配电装置			

续表

序号	项目名称	单位	数量	备注
GQ2-178	户外型电流互感器安装 电压（kV 以下）500	台	1	
GQ6-3	全站电缆敷设 控制电缆 全站	100m	5	
六	电缆防护设施			
2	电缆防火			
GQ6-10	电缆防火安装 防火堵料	t	0.006	
GQ6-11	电缆防火安装 防火涂料	t	0.003	
九	调试			
1	分系统调试			
调 JS1-29 R × 0.3 C × 0.3 J × 0.3	配电装置系统 500kV	间隔	1	
2	启动调试			
调 JS2-14 R × 0.3 C × 0.3 J × 0.3	配电装置试运 高压间隔设备 500kV	间隔	1	
3	特殊调试			
JS3-64	互感器耐压试验 500kV	台	1	
JS3-87	绝缘油试验 注射器取样	样	2	
JS3-94	绝缘油试验 水分（微水）试验	样	1	
JS3-95	绝缘油试验 色谱分析	样	1	
JS3-137	电压互感器误差试验 500kV	组	0.333	
	拆除工程			
一	建筑拆除			
2	主变压器及配电装置建筑			
2.2	500kV 构架及设备基础			
调 GJ1-6 R × 20 C × 20 J × 20	机械施工土方 土方运距 每增加 1km	m³	7.36	
YJ21-9	拆除钢筋混凝土 基础	m³	3.68	
二	安装拆除			
2	配电装置			
2.2	屋外配电装置			
CQ2-187	户外型电流互感器拆除 电压（kV 以下）500	台	1	
CQ3-40	引下线、跳线及设备连引线拆除 330～500kV（截面 mm² 以下）2 × 1440	组 / 三相	0.667	
CQ6-22	电缆拆除 截面积（mm² 以内）10	100m	5	

第10章 更换电压互感器

典型方案说明 ┅┅┅┅┅┅┅┅┅┅┅┅┅┅┅┅┅┅┅┅┅┅┅┅┅┅┅┅┅

更换电压互感器典型方案共4个：按照电压等级、结构型式分为 66～500kV（330kV 除外）不同类型的典型方案。所有典型方案的工作范围只包含电压互感器本体，不包含相应二次设备更换。

10.1 A7-1 更换 66kV 电压互感器

10.1.1 典型方案主要内容

本典型方案为 1 台 66kV 电压互感器（一相为 1 台）更换。内容包括：一次、二次设备引线拆除、安装；电压互感器拆除、安装；电压互感器基础拆除、安装；电压互感器试验及二次调试；设备防污闪喷涂；防火封堵；接地改造。

10.1.2 典型方案主要技术条件

典型方案 A7-1 主要技术条件见表 10-1。

表 10-1　　　　　　　　　　典型方案 A7-1 主要技术条件

方案名称	工程主要技术条件	
更换 66kV 电压互感器	结构型式	电容式
	额定电压（kV）	66
	绝缘介质	油浸
	额定电容 C_n（pF）	20000
	二次绕组数量	4
	准确级	0.5
	安装场所	户外

10.1.3 典型方案概算书

概算投资为总投资，编制依据按 3.2 要求。典型方案 A7-1 概算书包括总概算汇总表、安装工程专业汇总表、建筑工程专业汇总表、拆除工程专业汇总表、其他费用概算表，分别见表 10-2～表 10-6。

表 10-2　　　　　　　　　　典型方案 A7-1 总概算汇总表　　　　　　　金额单位：万元

序号	工程或费用名称	金额	占工程总投资的比例（%）
一	建筑工程费	0.70	11.67

续表

序号	工程或费用名称	金额	占工程总投资的比例（%）
二	安装工程费	1.54	25.77
三	拆除工程费	0.18	3.00
四	设备购置费	2.82	47.33
五	其中：编制基准期价差	0.04	0.75
	小计	5.23	87.78
六	其他费用	0.73	12.22
七	基本预备费		
八	工程静态投资合计	5.96	100.00
九	可抵扣增值税金额		

表 10-3　　　　　　　　　　典型方案 A7-1 安装工程专业汇总表　　　　　　金额单位：元

序号	工程或费用名称	安装工程费			设备购置费	合计
		主要材料费	安装费	小计		
	安装工程	3692	11658	15350	28194	43544
二	配电装置	3548	3705	7253	28194	35446
2	屋外配电装置	3548	3705	7253	28194	35446
2.1	66kV 配电装置	3548	3705	7253	28194	35446
六	电缆防护设施	90	128	218		218
2	电缆防火	90	128	218		218
七	全站接地	55		55		55
1	接地网	55		55		55
九	调试		7825	7825		7825
1	分系统调试		1045	1045		1045
2	启动调试		963	963		963
3	特殊调试		5817	5817		5817
	其中：编制基准期价差		318	318		318
	合计	3692	11658	15350	28194	43544

表 10-4　　　　　　　　　　典型方案 A7-1 建筑工程专业汇总表　　　　　　金额单位：元

序号	工程或费用名称	设备费	主要材料费	建筑费	建筑工程费合计
	建筑工程		4688	2266	6954
二	主变压器及配电装置建筑		4688	2266	6954
2	66kV 构架及设备基础		4688	2266	6954
2.2	设备支架及基础		4688	2266	6954
	其中：编制基准期价差		1	59	60
	合计		4688	2266	6954

表 10-5 典型方案 A7-1 拆除工程专业汇总表 金额单位：元

序号	工程或费用名称	拆除工程费
	拆除工程	1786
一	建筑拆除	949
2	主变压器及配电装置建筑	949
2.2	66kV 构架及设备基础	949
二	安装拆除	837
2	配电装置	837
2.2	屋外配电装置	837
	其中： 编制基准期价差	69
	合计	1786

表 10-6 典型方案 A7-1 其他费用概算表 金额单位：元

序号	工程或费用名称	编制依据及计算说明	合价
2	项目管理费		2310
2.1	管理经费	（建筑工程费＋安装工程费）×3.5%	781
2.2	招标费	（建筑工程费＋安装工程费＋拆除工程费）×1.85%	446
2.3	工程监理费	（建筑工程费＋安装工程费＋拆除工程费）×4.5%	1084
3	项目技术服务费		4968
3.1	前期工作及评审费	（建筑工程费＋安装工程费）×2.75%	613
3.2	工程勘察设计费		4171
3.2.2	设计费	设计费×100%	4171
3.3	初步设计文件评审费	基本设计费×3.5%	124
3.4	工程结算编制审查费	（建筑工程费＋安装工程费＋拆除工程费）×0.25%	60
	小计		7279

10.1.4 典型方案电气设备材料表

典型方案 A7-1 电气设备材料表见表 10-7。

表 10-7 典型方案 A7-1 电气设备材料表

序号	设备或材料名称	单位	数量	备注
	安装工程			
二	配电装置			
2	屋外配电装置			
2.1	66kV 配电装置			
500074443	电容式电压互感器，AC66kV，油浸，0.02μF，4，0.5	台	1	
100000006	110kV 软导线设备连线	组（三相）	0.333	
100000011	66kV 变电站控制电缆	km	0.150	

序号	设备或材料名称	单位	数量	备注
500033976	电缆保护管，钢管，ϕ50	t	0.052	
500011755	绝缘涂料，PRTV	t	0.003	
六	电缆防护设施			
2	电缆防火			
500011727	防火涂料	t	0.003	
500011738	防火堵料	t	0.006	
七	全站接地			
1	接地网			
500010951	扁钢，50mm，5mm，Q235-A	t	0.011	

10.1.5 典型方案工程量表

典型方案 A7-1 工程量见表 10-8。

表 10-8　　　　　　　　　典型方案 A7-1 工程量表

序号	项目名称	单位	数量	备注
	建筑工程			
二	主变压器及配电装置建筑			
2	66kV 构架及设备基础			
2.2	设备支架及基础			
GJ2-8	独立基础　钢筋混凝土基础	m³	1.500	
GJ7-11	普通钢筋	t	0.157	
GJ9-18	不含土方、基础、支架　钢管设备支架	t	0.400	
	地脚螺栓	t	0.045	
	安装工程			
二	配电装置			
2	屋外配电装置			
2.1	66kV 配电装置			
调 GQ2-154 R×0.88 C×0.88 J×0.88	电容式电压互感器安装　电容式（kV 以下）110	台	1	
GQ6-3	全站电缆敷设　控制电缆　全站	100m	1.500	
六	电缆防护设施			
2	电缆防火			
GQ6-10	电缆防火安装　防火堵料	t	0.006	
GQ6-11	电缆防火安装　防火涂料	t	0.003	

序号	项目名称	单位	数量	备注
九	调试			
1	分系统调试			
调 JS1-26 R×0.264 C×0.264 J×0.264	配电装置系统 110kV	间隔	1	
2	启动调试			
调 JS2-11 R×0.264 C×0.264 J×0.264	配电装置试运 高压间隔设备 110kV	间隔	1	
3	特殊调试			
调 JS3-61 R×0.88 C×0.88 J×0.88	互感器耐压试验 110kV	台	1	
调 JS3-134 R×0.88 C×0.88 J×0.88	电压互感器误差试验 110kV	组	0.333	
	拆除工程			
一	建筑拆除			
2	主变压器及配电装置建筑			
2.2	66kV 构架及设备基础			
调 GJ1-6 R×20 C×20 J×20	机械施工土方 土方运距 每增加 1km	m³	3	
YJ21-9	拆除钢筋混凝土 基础	m³	1.500	
二	安装拆除			
2	配电装置			
2.2	屋外配电装置			
调 CQ2-163 R×0.88 C×0.88 J×0.88	电容式电压互感器拆除 电容式 电压（kV）110	台	1	
CQ3-34	引下线、跳线及设备连引线拆除 35～220kV （截面 mm² 以下）600	组/三相	0.333	
CQ6-22	电缆拆除 截面积（mm² 以内）10	100m	1.500	

10.2 A7-2 更换 110kV 电压互感器

10.2.1 典型方案主要内容

本典型方案为 1 台 110kV 电压互感器（一相为 1 台）更换。内容包括：一次、二次设备引线拆除、安装；电压互感器拆除、安装；电压互感器基础拆除、安装；电压互感器试验及二次调试；设备防污闪喷涂；防火封堵；接地改造。

10.2.2 典型方案主要技术条件

典型方案 A7-2 主要技术条件见表 10-9。

表 10-9 　　　　　　　　　　　 **典型方案 A7-2 主要技术条件**

方案名称	工程主要技术条件	
	结构型式	电容式
	额定电压（kV）	110
	绝缘介质	油浸
更换 110kV 电压互感器	额定电容 C_n（pF）	20000
	二次绕组数量	4
	准确级	0.5
	安装场所	户外

10.2.3 典型方案概算书

概算投资为总投资，编制依据按 3.2 要求。典型方案 A7-2 概算书包括总概算汇总表、安装工程专业汇总表、建筑工程专业汇总表、拆除工程专业汇总表、其他费用概算表，分别见表 10-10～表 10-14。

表 10-10 　　　　　　　　　　 **典型方案 A7-2 总概算汇总表** 　　　　　金额单位：万元

序号	工程或费用名称	金额	占工程总投资的比例（%）
一	建筑工程费	0.70	13.36
二	安装工程费	1.80	34.54
三	拆除工程费	0.18	3.55
四	设备购置费	1.83	35.10
五	其中：编制基准期价差	0.05	0.93
	小计	4.50	86.55
六	其他费用	0.70	13.45
七	基本预备费		
八	工程静态投资合计	5.20	100.00
九	可抵扣增值税金额		

表 10-11　　　　　**典型方案 A7-2 安装工程专业汇总表**　　　　金额单位：元

序号	工程或费用名称	安装工程费			设备购置费	合计
		主要材料费	安装费	小计		
	安装工程	5013	12959	17972	18268	36240
二	配电装置	4808	3939	8747	18268	27015
2	屋外配电装置	4808	3939	8747	18268	27015
2.1	110kV 配电装置	4808	3939	8747	18268	27015
六	电缆防护设施	90	128	218		218
2	电缆防火	90	128	218		218
七	全站接地	115		115		115
1	接地网	115		115		115
九	调试		8892	8892		8892
1	分系统调试		1187	1187		1187
2	启动调试		1094	1094		1094
3	特殊调试		6611	6611		6611
	其中：编制基准期价差		352	352		352
	合计	5013	12959	17972	18268	36240

表 10-12　　　　　**典型方案 A7-2 建筑工程专业汇总表**　　　　金额单位：元

序号	工程或费用名称	设备费	主要材料费	建筑费	建筑工程费合计
	建筑工程		4688	2266	6954
二	主变压器及配电装置建筑		4688	2266	6954
2	110kV 构架及设备基础		4688	2266	6954
2.2	设备支架及基础		4688	2266	6954
	其中：编制基准期价差		1	59	60
	合计		4688	2266	6954

表 10-13　　　　　**典型方案 A7-2 拆除工程专业汇总表**　　　　金额单位：元

序号	工程或费用名称	拆除工程费
	拆除工程	1847
一	建筑拆除	949
2	主变压器及配电装置建筑	949
2.2	110kV 构架及设备基础	949
二	安装拆除	898
2	配电装置	898
2.2	屋外配电装置	898
	其中：编制基准期价差	71
	合计	1847

表 10-14　　　　　　　　**典型方案 A7-2 其他费用概算表**　　　　　金额单位：元

序号	工程或费用名称	编制依据及计算说明	合价
2	项目管理费		2572
2.1	管理经费	（建筑工程费＋安装工程费）×3.5%	872
2.2	招标费	（建筑工程费＋安装工程费＋拆除工程费）×1.85%	495
2.3	工程监理费	（建筑工程费＋安装工程费＋拆除工程费）×4.5%	1205
3	项目技术服务费		4426
3.1	前期工作及评审费	（建筑工程费＋安装工程费）×2.75%	685
3.2	工程勘察设计费		3568
3.2.2	设计费	设计费×100%	3568
3.3	初步设计文件评审费	基本设计费×3.5%	106
3.4	工程结算编制审查费	（建筑工程费＋安装工程费＋拆除工程费）×0.25%	67
	小计		6998

10.2.4　典型方案电气设备材料表

典型方案 A7-2 电气设备材料表见表 10-15。

表 10-15　　　　　　　　　**典型方案 A7-2 电气设备材料表**

序号	设备或材料名称	单位	数量	备注
	安装工程			
二	配电装置			
2	屋外配电装置			
2.1	110kV 配电装置			
500050068	电容式电压互感器，AC110kV，油浸，0.02μF，4，0.5	台	1	
100000006	110kV 软导线设备连线	组（三相）	0.333	
100000012	110kV 变电站控制电缆	km	0.150	
500033976	电缆保护管，钢管，ϕ50	t	0.052	
500011755	绝缘涂料，PRTV	t	0.018	
六	电缆防护设施			
2	电缆防火			
500011727	防火涂料	t	0.003	
500011738	防火堵料	t	0.006	
七	全站接地			
1	接地网			
500011000	扁钢，60mm，8mm，Q235-A	t	0.023	

10.2.5 典型方案工程量表

典型方案 A7-2 工程量见表 10-16。

表 10-16　　　　　　　　典型方案 A7-2 工程量表

序号	项目名称	单位	数量	备注
	建筑工程			
二	主变压器及配电装置建筑			
2	110kV 构架及设备基础			
2.2	设备支架及基础			
GJ2-8	独立基础　钢筋混凝土基础	m³	1.500	
GJ7-11	普通钢筋	t	0.157	
GJ9-18	不含土方、基础、支架　钢管设备支架	t	0.400	
	地脚螺栓	t	0.045	
	安装工程			
二	配电装置			
2	屋外配电装置			
2.1	110kV 配电装置			
GQ2-154	电容式电压互感器安装　电容式（kV 以下）110	台	1	
GQ6-3	全站电缆敷设　控制电缆　全站	100m	1.500	
六	电缆防护设施			
2	电缆防火			
GQ6-10	电缆防火安装　防火堵料	t	0.006	
GQ6-11	电缆防火安装　防火涂料	t	0.003	
九	调试			
1	分系统调试			
调 JS1-26 R×0.3 C×0.3 J×0.3	配电装置系统 110kV	间隔	1	
2	启动调试			
调 JS2-11 R×0.3 C×0.3 J×0.3	配电装置试运 高压间隔设备 110kV	间隔	1	
3	特殊调试			
JS3-61	互感器耐压试验 110kV	台	1	
JS3-134	电压互感器误差试验 110kV	组	0.333	
	拆除工程			

序号	项目名称	单位	数量	备注
一	建筑拆除			
2	主变压器及配电装置建筑			
2.2	110kV 构架及设备基础			
调 GJ1-6 R×20 C×20 J×20	机械施工土方 土方运距 每增加 1km	m³	3	
YJ21-9	拆除钢筋混凝土 基础	m³	1.500	
二	安装拆除			
2	配电装置			
2.2	屋外配电装置			
CQ2-163	电容式电压互感器拆除 电容式 电压（kV）110	台	1	
CQ3-34	引下线、跳线及设备连引线拆除 35～220kV （截面 mm² 以下）600	组／三相	0.333	
CQ6-22	电缆拆除 截面积（mm² 以内）10	100m	1.500	

10.3 A7-3 更换 220kV 电压互感器

10.3.1 典型方案主要内容

本典型方案为 1 台 220kV 电压互感器（一相为 1 台）更换。内容包括：一次、二次设备引线拆除、安装；电压互感器拆除、安装；电压互感器基础拆除、安装；电压互感器试验及二次调试；设备防污闪喷涂；防火封堵；接地改造。

10.3.2 典型方案主要技术条件

典型方案 A7-3 主要技术条件见表 10-17。

表 10-17　　　　　　　　　　　典型方案 A7-3 主要技术条件

方案名称	工程主要技术条件	
	结构型式	电容式
	额定电压 kV	220
	绝缘介质	油浸
更换 220kV 电压互感器	额定电容 C_n（pF）	5000
	二次绕组数量	4
	准确级	0.5
	安装场所	户外

10.3.3 典型方案概算书

概算投资为总投资，编制依据按 3.2 要求。典型方案 A7-3 概算书包括总概算汇总表、安装工程专业汇总表、建筑工程专业汇总表、拆除工程专业汇总表、其他费用概算表，分别见表 10-18～表 10-22。

表 10-18　　　　　　　典型方案 A7-3 总概算汇总表　　　　　　　金额单位：万元

序号	工程或费用名称	金额	占工程总投资的比例（%）
一	建筑工程费	0.70	11.47
二	安装工程费	2.61	43.06
三	拆除工程费	0.22	3.59
四	设备购置费	1.68	27.65
五	其中：编制基准期价差	0.07	1.08
	小计	5.20	85.77
六	其他费用	0.86	14.23
七	基本预备费		
八	工程静态投资合计	6.06	100.00
九	可抵扣增值税金额		

表 10-19　　　　　　　典型方案 A7-3 安装工程专业汇总表　　　　　　　金额单位：元

序号	工程或费用名称	安装工程费			设备购置费	合计
		主要材料费	安装费	小计		
	安装工程	7041	19073	26113	16770	42883
二	配电装置	6836	5442	12278	16770	29048
2	屋外配电装置	6836	5442	12278	16770	29048
2.1	220kV 配电装置	6836	5442	12278	16770	29048
六	电缆防护设施	90	128	218		218
2	电缆防火	90	128	218		218
七	全站接地	115		115		115
1	接地网	115		115		115
九	调试		13503	13503		13503
1	分系统调试		1827	1827		1827
2	启动调试		1533	1533		1533
3	特殊调试		10143	10143		10143
	其中：编制基准期价差		513	513		513
	合计	7041	19073	26113	16770	42883

表 10-20 　　　　　　　典型方案 A7-3 建筑工程专业汇总表 　　　　　金额单位：元

序号	工程或费用名称	设备费	主要材料费	建筑费	建筑工程费合计
	建筑工程		4688	2266	6953
二	主变压器及配电装置建筑		4688	2266	6953
2	220kV 构架及设备基础		4688	2266	6953
2.2	设备支架及基础		4688	2266	6953
	其中：编制基准期价差		1	59	60
	合计		4688	2266	6953

表 10-21 　　　　　　　典型方案 A7-3 拆除工程专业汇总表 　　　　　金额单位：元

序号	工程或费用名称	拆除工程费
	拆除工程	2180
一	建筑拆除	949
2	主变压器及配电装置建筑	949
2.2	220kV 构架及设备基础	949
二	安装拆除	1232
2	配电装置	1232
2.2	屋外配电装置	1232
	其中：编制基准期价差	81
	合计	2180

表 10-22 　　　　　　　典型方案 A7-3 其他费用概算表 　　　　　金额单位：元

序号	工程或费用名称	编制依据及计算说明	合价
2	项目管理费		3396
2.1	管理经费	（建筑工程费＋安装工程费）×3.5%	1157
2.2	招标费	（建筑工程费＋安装工程费＋拆除工程费）×1.85%	652
2.3	工程监理费	（建筑工程费＋安装工程费＋拆除工程费）×4.5%	1586
3	项目技术服务费		5236
3.1	前期工作及评审费	（建筑工程费＋安装工程费）×2.75%	909
3.2	工程勘察设计费		4116
3.2.2	设计费	设计费×100%	4116
3.3	初步设计文件评审费	基本设计费×3.5%	122
3.4	工程结算编制审查费	（建筑工程费＋安装工程费＋拆除工程费）×0.25%	88
	小计		8632

10.3.4　典型方案电气设备材料表

典型方案 A7-3 电气设备材料表见表 10-23。

表 10-23   典型方案 A7-3 电气设备材料表

序号	设备或材料名称	单位	数量	备注
	安装工程			
二	配电装置			
2	屋外配电装置			
2.1	220kV 配电装置			
500005258	电容式电压互感器，AC220kV，油浸，0.005μF，4，0.5	台	1	
100000007	220kV 软导线设备连线	组（三相）	0.333	
100000013	220kV 变电站控制电缆	km	0.150	
500033976	电缆保护管，钢管，φ50	t	0.052	
500011755	绝缘涂料，PRTV	t	0.036	
六	电缆防护设施			
2	电缆防火			
500011727	防火涂料	t	0.003	
500011738	防火堵料	t	0.006	
七	全站接地			
1	接地网			
500011000	扁钢，60mm，8mm，Q235-A	t	0.023	

10.3.5 典型方案工程量表

典型方案 A7-3 工程量见表 10-24。

表 10-24   典型方案 A7-3 工程量表

序号	项目名称	单位	数量	备注
	建筑工程			
二	主变压器及配电装置建筑			
2	220kV 构架及设备基础			
2.2	设备支架及基础			
GJ2-8	独立基础 钢筋混凝土基础	m³	1.5	
GJ7-11	普通钢筋	t	0.157	
GJ9-18	不含土方、基础、支架 钢管设备支架	t	0.4	
	地脚螺栓	t	0.045	
	安装工程			
二	配电装置			
2	屋外配电装置			
2.1	220kV 配电装置			
GQ2-155	电容式电压互感器安装 电容式（kV 以下）220	台	1	

续表

序号	项目名称	单位	数量	备注
GQ6-3	全站电缆敷设　控制电缆　全站	100m	1.500	
六	电缆防护设施			
2	电缆防火			
GQ6-10	电缆防火安装　防火堵料	t	0.006	
GQ6-11	电缆防火安装　防火涂料	t	0.003	
九	调试			
1	分系统调试			
调JS1-27 R×0.3 C×0.3 J×0.3	配电装置系统　220kV	间隔	1	
2	启动调试			
调JS2-12 R×0.3 C×0.3 J×0.3	配电装置试运　高压间隔设备　220kV	间隔	1	
3	特殊调试			
JS3-62	互感器耐压试验　220kV	台	1	
JS3-135	电压互感器误差试验　220kV	组	0.333	
	拆除工程			
一	建筑拆除			
2	主变压器及配电装置建筑			
2.2	220kV构架及设备基础			
调GJ1-6 R×20 C×20 J×20	机械施工土方　土方运距　每增加1km	m³	3	
YJ21-9	拆除钢筋混凝土　基础	m³	1.500	
二	安装拆除			
2	配电装置			
2.2	屋外配电装置			
CQ2-164	电容式电压互感器拆除　电容式　电压（kV）220	台	1	
CQ3-34	引下线、跳线及设备连引线拆除 35～220kV（截面mm²以下）600	组/三相	0.333	
CQ6-22	电缆拆除　截面积（mm²以内）10	100m	1.5	

10.4 A7-4 更换 500kV 电压互感器

10.4.1 典型方案主要内容

本典型方案为1台500kV电压互感器（一相为1台）更换。内容包括：一次、二次设备引线拆除、安装；电压互感器拆除、安装；电压互感器基础拆除、安装；电压互感器试验及二次调试；设备防污闪喷涂；防火封堵；接地改造。

10.4.2 典型方案主要技术条件

典型方案 A7-4 主要技术条件见表 10-25。

表 10-25　　　　　　　　　　　**典型方案 A7-4 主要技术条件**

方案名称	工程主要技术条件	
更换 500kV 电压互感器	结构型式	电容式
	额定电压（kV）	500
	绝缘介质	油浸
	额定电容 C_n（pF）	5000
	二次绕组数量	4
	准确级	0.2
	安装场所	户外

10.4.3 典型方案概算书

概算投资为总投资，编制依据按 3.2 要求。典型方案 A7-4 概算书包括总概算汇总表、安装工程专业汇总表、建筑工程专业汇总表、拆除工程专业汇总表、其他费用概算表，分别见表 10-26～表 10-30。

表 10-26　　　　　　　　　　　**典型方案 A7-4 总概算汇总表**　　　　　金额单位：万元

序号	工程或费用名称	金额	占工程总投资的比例（%）
一	建筑工程费	1.16	5.63
二	安装工程费	7.99	38.60
三	拆除工程费	0.54	2.59
四	设备购置费	8.31	40.15
五	其中：编制基准期价差	0.12	0.58
	小计	17.99	86.97
六	其他费用	2.70	13.03
七	基本预备费		
八	工程静态投资合计	20.69	100.00
九	可抵扣增值税金额		

表 10-27 　　　　　**典型方案 A7-4 安装工程专业汇总表** 　　　金额单位：元

序号	工程或费用名称	安装工程费			设备购置费	合计
		主要材料费	安装费	小计		
	安装工程	47439	32415	79854	83078	162932
二	配电装置	47124	13157	60281	83078	143359
2	屋外配电装置	47124	13157	60281	83078	143359
2.1	500kV 配电装置	47124	13157	60281	83078	143359
六	电缆防护设施	90	127	217		217
2	电缆防火	90	127	217		217
七	全站接地	225		225		225
1	接地网	225		225		225
九	调试		19131	19131		19131
1	分系统调试		2784	2784		2784
2	启动调试		2410	2410		2410
3	特殊调试		13937	13937		13937
	其中： 编制基准期价差		889	889		889
	合计	47439	32415	79854	83078	162932

表 10-28 　　　　　**典型方案 A7-4 建筑工程专业汇总表** 　　　金额单位：元

序号	工程或费用名称	设备费	主要材料费	建筑费	建筑工程费合计
	建筑工程		7731	3913	11644
二	主变压器及配电装置建筑		7731	3913	11644
2	500kV 构架及设备基础		7731	3913	11644
2.2	设备支架及基础		7731	3913	11644
	其中： 编制基准期价差		3	110	112
	合计		7731	3913	11644

表 10-29 　　　　　**典型方案 A7-4 拆除工程专业汇总表** 　　　金额单位：元

序号	工程或费用名称	拆除工程费
	拆除工程	5360
一	建筑拆除	2328
2	主变压器及配电装置建筑	2328
2.2	500kV 构架及设备基础	2328
二	安装拆除	3033
2	配电装置	3033
2.2	屋外配电装置	3033
	其中： 编制基准期价差	201
	合计	5360

表 10-30   典型方案 A7-4 其他费用概算表   金额单位：元

序号	工程或费用名称	编制依据及计算说明	合价
2	项目管理费		9353
2.1	管理经费	（建筑工程费＋安装工程费）×3.5%	3202
2.2	招标费	（建筑工程费＋安装工程费＋拆除工程费）×1.85%	1792
2.3	工程监理费	（建筑工程费＋安装工程费＋拆除工程费）×4.5%	4359
3	项目技术服务费		17606
3.1	前期工作及评审费	（建筑工程费＋安装工程费）×2.75%	2516
3.2	工程勘察设计费		14420
3.2.2	设计费	设计费×100%	14420
3.3	初步设计文件评审费	基本设计费×3.5%	428
3.4	工程结算编制审查费	（建筑工程费＋安装工程费＋拆除工程费）×0.25%	242
	小计		26959

10.4.4 典型方案电气设备材料表

典型方案 A7-4 电气设备材料表见表 10-31。

表 10-31   典型方案 A7-4 电气设备材料表

序号	设备或材料名称	单位	数量	备注
	安装工程			
二	配电装置			
2	屋外配电装置			
2.1	500kV 配电装置			
500005901	电容式电压互感器，AC500kV，油浸，0.005μF，4，0.2	台	1	
100000008	500kV 软导线设备连线	组（三相）	0.333	
100000014	500kV 变电站控制电缆	km	0.500	
500033976	电缆保护管，钢管，φ50	t	0.080	
500011755	绝缘涂料，PRTV	t	0.400	
六	电缆防护设施			
2	电缆防火			
500011727	防火涂料	t	0.003	
500011738	防火堵料	t	0.006	
七	全站接地			
1	接地网			
500011000	扁钢，60mm，8mm，Q235-A	t	0.045	

10.4.5 典型方案工程量表

典型方案 A7-4 工程量见表 10-32。

表 10-32　　　　　　　　　　　典型方案 A7-4 工程量表

序号	项目名称	单位	数量	备注
	建筑工程			
二	主变压器及配电装置建筑			
2	500kV 构架及设备基础			
2.2	设备支架及基础			
GJ2-8	独立基础　钢筋混凝土基础	m³	3.680	
GJ7-11	普通钢筋	t	0.369	
GJ9-18	不含土方、基础、支架　钢管设备支架	t	0.551	
	地脚螺栓	t	0.045	
	安装工程			
二	配电装置			
2	屋外配电装置			
2.1	500kV 配电装置			
GQ2-157	电容式电压互感器安装　电容式（kV 以下）500	台	1	
GQ6-3	全站电缆敷设　控制电缆　全站	100m	5	
六	电缆防护设施			
2	电缆防火			
GQ6-10	电缆防火安装　防火堵料	t	0.006	
GQ6-11	电缆防火安装　防火涂料	t	0.003	
九	调试			
1	分系统调试			
调 JS1-29 $R \times 0.3$ $C \times 0.3$ $J \times 0.3$	配电装置系统 500kV	间隔	1	
2	启动调试			
调 JS2-14 $R \times 0.3$ $C \times 0.3$ $J \times 0.3$	配电装置试运　高压间隔设备 500kV	间隔	1	
3	特殊调试			
JS3-64	互感器耐压试验 500kV	台	1	
JS3-137	电压互感器误差试验 500kV	组	0.333	
	拆除工程			

序号	项目名称	单位	数量	备注
一	建筑拆除			
2	主变压器及配电装置建筑			
2.2	500kV 构架及设备基础			
调 GJ1-6 R×20 C×20 J×20	机械施工土方　土方运距　每增加 1km	m³	7.360	
YJ21-9	拆除钢筋混凝土　基础	m³	3.680	
二	安装拆除			
2	配电装置			
2.2	屋外配电装置			
CQ2-166	电容式电压互感器拆除　电容式 电压（kV）500	台	1	
CQ3-40	引下线、跳线及设备连引线拆除 330～500kV （截面 mm² 以下）2×1440	组/三相	0.333	
CQ6-22	电缆拆除　截面积（mm² 以内）10	100m	5	

第11章 更换避雷器

典型方案说明 ▭┈┈┈▭

　　更换避雷器典型方案共5个：按照电压等级、结构型式、绝缘介质分为35～500kV（330kV除外）不同类型的典型方案。所有典型方案的工作范围只包含避雷器本体，不包含相应二次设备更换。

11.1　A8-1更换35kV避雷器

11.1.1　典型方案主要内容

本典型方案为1组35kV避雷器（三相为1组）更换。内容包括：一次引线拆除、制作与安装；避雷器拆除、安装；避雷器基础拆除、新建；避雷器调试。

11.1.2　典型方案主要技术条件

典型方案A8-1主要技术条件见表11-1。

表11-1　　　　　　　　　　典型方案A8-1主要技术条件

方案名称	工程主要技术条件	
更换35kV避雷器	结构型式	金属氧化物
	额定电压 kV	51
	雷电冲击残压（峰值）（kV）	134
	是否带间隙	不带间隙
	绝缘介质	硅橡胶
	安装场所	户外

11.1.3　典型方案概算书

概算投资为总投资，编制依据按3.2要求。典型方案A8-1概算书包括总概算汇总表、安装工程专业汇总表、建筑工程专业汇总表、拆除工程专业汇总表、其他费用概算表，分别见表11-2～表11-6。

表11-2　　　　　　　　典型方案A8-1总概算汇总表　　　　　　　　金额单位：万元

序号	工程或费用名称	金额	占工程总投资的比例（%）
一	建筑工程费	1.32	34.64
二	安装工程费	0.31	8.05
三	拆除工程费	0.31	8.24

续表

序号	工程或费用名称	金额	占工程总投资的比例（%）
四	设备购置费	1.39	36.33
五	其中：编制基准期价差	0.03	0.81
	小计	3.34	87.25
六	其他费用	0.49	12.75
七	基本预备费		
八	工程静态投资合计	3.83	100.00
九	可抵扣增值税金额		

表 11-3　　　　　　**典型方案 A8-1 安装工程专业汇总表**　　　　　金额单位：元

序号	工程或费用名称	安装工程费			设备购置费	合计
		主要材料费	安装费	小计		
	安装工程	259	2819	3078	13897	16975
二	配电装置	259	1532	1791	13897	15688
2	屋外配电装置	259	1532	1791	13897	15688
2.1	35kV 配电装置	259	1532	1791	13897	15688
九	调试		1287	1287		1287
3	特殊调试		1287	1287		1287
	其中：编制基准期价差		69	69		69
	合计	259	2819	3078	13897	16975

表 11-4　　　　　　**典型方案 A8-1 建筑工程专业汇总表**　　　　　金额单位：元

序号	工程或费用名称	设备费	主要材料费	建筑费	建筑工程费合计
	建筑工程		8468	4782	13249
二	主变压器及配电装置建筑		8468	4782	13249
2	35kV 构架及设备基础		8468	4782	13249
2.2	设备支架及基础		8468	4782	13249
	其中：编制基准期价差		3	126	130
	合计		8468	4782	13249

表 11-5　　　　　　**典型方案 A8-1 拆除工程专业汇总表**　　　　　金额单位：元

序号	工程或费用名称	拆除工程费
	拆除工程	3150
一	建筑拆除	2846
2	主变压器及配电装置建筑	2846
2.2	35kV 构架及设备基础	2846
二	安装拆除	304

续表

序号	工程或费用名称	拆除工程费
2	配电装置	304
2.2	屋外配电装置	304
	其中：编制基准期价差	111
	合计	3150

表 11-6　　　　　　　　　　**典型方案 A8-1 其他费用概算表**　　　　　　金额单位：元

序号	工程或费用名称	编制依据及计算说明	合价
2	项目管理费		1808
2.1	管理经费	（建筑工程费＋安装工程费）×3.5%	571
2.2	招标费	（建筑工程费＋安装工程费＋拆除工程费）×1.85%	360
2.3	工程监理费	（建筑工程费＋安装工程费＋拆除工程费）×4.5%	876
3	项目技术服务费		3068
3.1	前期工作及评审费	（建筑工程费＋安装工程费）×2.75%	449
3.2	工程勘察设计费		2497
3.2.2	设计费	设计费×100%	2497
3.3	初步设计文件评审费	基本设计费×3.5%	74
3.4	工程结算编制审查费	（建筑工程费＋安装工程费＋拆除工程费）×0.25%	49
	小计		4877

11.1.4　典型方案电气设备材料表

典型方案 A8-1 电气设备材料表见表 11-7。

表 11-7　　　　　　　　　　**典型方案 A8-1 电气设备材料表**

序号	设备或材料名称	单位	数量	备注
	安装工程			
二	配电装置			
2	屋外配电装置			
2.1	35kV 配电装置			
500004651	交流避雷器，AC35kV，51kV，硅橡胶，134kV，不带间隙	台	3	
100000001	35kV 软导线引下线	组（三相）	1	

11.1.5　典型方案工程量表

典型方案 A8-1 工程量见表 11-8。

序号	项目名称	单位	数量	备注
	建筑工程			
二	主变压器及配电装置建筑			
2	35kV构架及设备基础			
2.2	设备支架及基础			
GJ2-8	独立基础 钢筋混凝土基础	m³	4.500	
GJ7-11	普通钢筋	t	0.045	
GJ9-18	不含土方、基础、支架 钢管设备支架	t	0.750	
	地脚螺栓	t	0.135	
	安装工程			
二	配电装置			
2	屋外配电装置			
2.1	35kV配电装置			
GQ2-198	避雷器安装 氧化锌式 电压（kV）35	组/三相	1	
九	调试			
3	特殊调试			
调JS3-37 R×0.88 C×0.88 J×0.88	金属氧化物避雷器持续电流测量110kV	组	1	
	拆除工程			
一	建筑拆除			
2	主变压器及配电装置建筑			
2.2	35kV构架及设备基础			
调GJ1-6 R×20 C×20 J×20	机械施工土方 土方运距 每增加1km	m³	9	
YJ21-9	拆除钢筋混凝土 基础	m³	4.500	
二	安装拆除			
2	配电装置			
2.2	屋外配电装置			
CQ2-207	避雷器拆除 氧化锌式 电压（kV）35	组/三相	1	
CQ3-34	引下线、跳线及设备连引线拆除35～220kV（截面mm²以下）600	组/三相	1	

表 11-8　典型方案 A8-1 工程量表

11.2 A8-2 更换 66kV 避雷器

11.2.1 典型方案主要内容

本典型方案为 1 组 66kV 避雷器（三相为 1 组）更换。内容包括：一次引线拆除、制作与安装；避雷器拆除、安装；避雷器基础拆除、安装；避雷器调试。

11.2.2 典型方案主要技术条件

典型方案 A8-2 主要技术条件见表 11-9。

表 11-9　　　　　　　　　　典型方案 A8-2 主要技术条件

方案名称	工程主要技术条件	
更换 66kV 避雷器	结构型式	金属氧化物
	额定电压 kV	96
	雷电冲击残压（峰值）（kV）	250
	是否带间隙	不带间隙
	绝缘介质	硅橡胶
	安装场所	户外

11.2.3 典型方案概算书

概算投资为总投资，编制依据按 3.2 要求。典型方案 A8-2 概算书包括总概算汇总表、安装工程专业汇总表、建筑工程专业汇总表、拆除工程专业汇总表、其他费用概算表，分别见表 11-10～表 11-14。

表 11-10　　　　　　　　　典型方案 A8-2 总概算汇总表　　　　　　金额单位：万元

序号	工程或费用名称	金额	占工程总投资的比例（%）
一	建筑工程费	1.32	30.85
二	安装工程费	0.43	10.11
三	拆除工程费	0.33	7.80
四	设备购置费	1.66	38.69
五	其中：编制基准期价差	0.03	0.79
	小计	3.76	87.45
六	其他费用	0.54	12.55
七	基本预备费		
八	工程静态投资合计	4.29	100.00
九	可抵扣增值税金额		

表 11-11   典型方案 A8-2 安装工程专业汇总表   金额单位：元

序号	工程或费用名称	安装工程费			设备购置费	合计
		主要材料费	安装费	小计		
	安装工程	720	3619	4339	16612	20952
二	配电装置	720	2332	3052	16612	19665
2	屋外配电装置	720	2332	3052	16612	19665
2.1	66kV 配电装置	720	2332	3052	16612	19665
九	调试		1287	1287		1287
3	特殊调试		1287	1287		1287
	其中：编制基准期价差		89	89		89
	合计	720	3619	4339	16612	20952

表 11-12   典型方案 A8-2 建筑工程专业汇总表   金额单位：元

序号	工程或费用名称	设备费	主要材料费	建筑费	建筑工程费合计
	建筑工程		8468	4782	13249
二	主变压器及配电装置建筑		8468	4782	13249
2	66kV 构架及设备基础		8468	4782	13249
2.2	设备支架及基础		8468	4782	13249
	其中：编制基准期价差		3	126	130
	合计		8468	4782	13249

表 11-13   典型方案 A8-2 拆除工程专业汇总表   金额单位：元

序号	工程或费用名称	拆除工程费
	拆除工程	3350
一	建筑拆除	2846
2	主变压器及配电装置建筑	2846
2.2	66kV 构架及设备基础	2846
二	安装拆除	504
2	配电装置	504
2.2	屋外配电装置	504
	其中：编制基准期价差	119
	合计	3350

表 11-14   典型方案 A8-2 其他费用概算表   金额单位：元

序号	工程或费用名称	编制依据及计算说明	合价
2	项目管理费		1945
2.1	管理经费	（建筑工程费＋安装工程费）×3.5%	616
2.2	招标费	（建筑工程费＋安装工程费＋拆除工程费）×1.85%	387

续表

序号	工程或费用名称	编制依据及计算说明	合价
2.3	工程监理费	（建筑工程费＋安装工程费＋拆除工程费）×4.5%	942
3	项目技术服务费		3445
3.1	前期工作及评审费	（建筑工程费＋安装工程费）×2.75%	484
3.2	工程勘察设计费		2825
3.2.2	设计费	设计费×100%	2825
3.3	初步设计文件评审费	基本设计费×3.5%	84
3.4	工程结算编制审查费	（建筑工程费＋安装工程费＋拆除工程费）×0.25%	52
	小计		5390

11.2.4　典型方案电气设备材料表

典型方案 A8-2 电气设备材料表见表 11-15。

表 11-15　　　　　　　　　　　**典型方案 A8-2 电气设备材料表**

序号	设备或材料名称	单位	数量	备注
	安装工程			
二	配电装置			
2	屋外配电装置			
2.1	66kV 配电装置			
500031357	交流避雷器，AC66kV，96kV，硅橡胶，250kV，不带间隙	台	3	
100000002	110kV 软导线引下线	组（三相）	1	

11.2.5　典型方案工程量表

典型方案 A8-2 工程量见表 11-16。

表 11-16　　　　　　　　　　　**典型方案 A8-2 工程量表**

序号	项目名称	单位	数量	备注
	建筑工程			
二	主变压器及配电装置建筑			
2	66kV 构架及设备基础			
2.2	设备支架及基础			
GJ2-8	独立基础　钢筋混凝土基础	m³	4.500	
GJ7-11	普通钢筋	t	0.045	
GJ9-18	不含土方、基础、支架　钢管设备支架	t	0.750	
	地脚螺栓	t	0.135	
	安装工程			

序号	项目名称	单位	数量	备注
二	配电装置			
2	屋外配电装置			
2.1	66kV 配电装置			
调 GQ2-199 R×0.88 C×0.88 J×0.88	避雷器安装　氧化锌式　电压（kV）110	组/三相	1	
九	调试			
3	特殊调试			
调 JS3-37 R×0.88 C×0.88 J×0.88	金属氧化物避雷器持续电流测量 110kV	组	1	
	拆除工程			
一	建筑拆除			
2	主变压器及配电装置建筑			
2.2	66kV 构架及设备基础			
调 GJ1-6 R×20 C×20 J×20	机械施工土方　土方运距　每增加 1km	m³	9	
YJ21-9	拆除钢筋混凝土　基础	m³	4.500	
二	安装拆除			
2	配电装置			
2.2	屋外配电装置			
调 CQ2-208 R×0.88 C×0.88 J×0.88	避雷器拆除　氧化锌式　电压（kV）110	组/三相	1	
CQ3-34	引下线、跳线及设备连引线拆除 35～220kV （截面 mm² 以下）600	组/三相	1	

11.3　A8-3 更换 110kV 避雷器

11.3.1　典型方案主要内容

本典型方案为 1 组 110kV 避雷器（三相为 1 组）更换。内容包括：一次引线拆除、制作与安装；避雷器拆除、安装；避雷器基础拆除、安装；避雷器调试。

11.3.2　典型方案主要技术条件

典型方案 A8-3 主要技术条件见表 11-17。

表 11-17　　　　　　　　　　　典型方案 A8-3 主要技术条件

方案名称	工程主要技术条件	
	结构型式	金属氧化物
	额定电压 kV	102
更换 110kV 避雷器	雷电冲击残压（峰值）（kV）	266
	是否带间隙	不带间隙
	绝缘介质	硅橡胶
	安装场所	户外

11.3.3　典型方案概算书

概算投资为总投资，编制依据按 3.2 要求。典型方案 A8-3 概算书包括总概算汇总表、安装工程专业汇总表、建筑工程专业汇总表、拆除工程专业汇总表、其他费用概算表，分别见表 11-18～表 11-22。

表 11-18　　　　　　　　　　　典型方案 A8-3 总概算汇总表　　　　　　　　　金额单位：万元

序号	工程或费用名称	金额	占工程总投资的比例（%）
一	建筑工程费	1.32	29.56
二	安装工程费	0.48	10.78
三	拆除工程费	0.34	7.59
四	设备购置费	1.77	39.59
五	其中：编制基准期价差	0.04	0.78
	小计	3.92	87.52
六	其他费用	0.56	12.48
七	基本预备费		
八	工程静态投资合计	4.48	100.00
九	可抵扣增值税金额		

表 11-19　　　　　　　　　　　典型方案 A8-3 安装工程专业汇总表　　　　　　　金额单位：元

序号	工程或费用名称	安装工程费			设备购置费	合计
		主要材料费	安装费	小计		
	安装工程	720	4113	4833	17745	22578
二	配电装置	720	2651	3371	17745	21116
2	屋外配电装置	720	2651	3371	17745	21116
2.1	110kV 配电装置	720	2651	3371	17745	21116
九	调试		1462	1462		1462

序号	工程或费用名称	安装工程费			设备购置费	合计
		主要材料费	安装费	小计		
3	特殊调试		1462	1462		1462
	其中： 编制基准期价差		102	102		102
	合计	720	4113	4833	17745	22578

表 11-20　　　　　典型方案 A8-3 建筑工程专业汇总表　　　　金额单位：元

序号	工程或费用名称	设备费	主要材料费	建筑费	建筑工程费合计
	建筑工程		8468	4782	13249
二	主变压器及配电装置建筑		8468	4782	13249
2	110kV 构架及设备基础		8468	4782	13249
2.2	设备支架及基础		8468	4782	13249
	其中： 编制基准期价差		3	126	130
	合计		8468	4782	13249

表 11-21　　　　　典型方案 A8-3 拆除工程专业汇总表　　　　金额单位：元

序号	工程或费用名称	拆除工程费
	拆除工程	3403
一	建筑拆除	2846
2	主变压器及配电装置建筑	2846
2.2	110kV 构架及设备基础	2846
二	安装拆除	557
2	配电装置	557
2.2	屋外配电装置	557
	其中： 编制基准期价差	120
	合计	3403

表 11-22　　　　　典型方案 A8-3 其他费用概算表　　　　金额单位：元

序号	工程或费用名称	编制依据及计算说明	合价
2	项目管理费		1997
2.1	管理经费	（建筑工程费＋安装工程费）×3.5%	633
2.2	招标费	（建筑工程费＋安装工程费＋拆除工程费）×1.85%	397
2.3	工程监理费	（建筑工程费＋安装工程费＋拆除工程费）×4.5%	967
3	项目技术服务费		3598
3.1	前期工作及评审费	（建筑工程费＋安装工程费）×2.75%	497
3.2	工程勘察设计费		2959
3.2.2	设计费	设计费×100%	2959

序号	工程或费用名称	编制依据及计算说明	合价
3.3	初步设计文件评审费	基本设计费×3.5%	88
3.4	工程结算编制审查费	（建筑工程费＋安装工程费＋拆除工程费）×0.25%	54
	小计		5595

11.3.4 典型方案电气设备材料表

典型方案 A8-3 电气设备材料表见表 11-23。

表 11-23　　　　　　　　　　典型方案 A8-3 电气设备材料表

序号	设备或材料名称	单位	数量	备注
	安装工程			
二	配电装置			
2	屋外配电装置			
2.1	110kV 配电装置			
500027154	交流避雷器，AC110kV，102kV，硅橡胶，266kV，不带间隙	台	3	
100000002	110kV 软导线引下线	组（三相）	1	

11.3.5 典型方案工程量表

典型方案 A8-3 工程量见表 11-24。

表 11-24　　　　　　　　　　典型方案 A8-3 工程量表

序号	项目名称	单位	数量	备注
	建筑工程			
二	主变压器及配电装置建筑			
2	110kV 构架及设备基础			
2.2	设备支架及基础			
GJ2-8	独立基础　钢筋混凝土基础	m³	4.500	
GJ7-11	普通钢筋	t	0.045	
GJ9-18	不含土方、基础、支架　钢管设备支架	t	0.750	
	地脚螺栓	t	0.135	
	安装工程			
二	配电装置			
2	屋外配电装置			
2.1	110kV 配电装置			
GQ2-199	避雷器安装　氧化锌式　电压（kV）110	组/三相	1	
九	调试			
3	特殊调试			

续表

序号	项目名称	单位	数量	备注
JS3-37	金属氧化物避雷器持续电流测量 110kV	组	1	
	拆除工程			
一	建筑拆除			
2	主变压器及配电装置建筑			
2.2	110kV 构架及设备基础			
调 GJ1-6 R×20 C×20 J×20	机械施工土方　土方运距　每增加 1km	m³	9	
YJ21-9	拆除钢筋混凝土　基础	m³	4.500	
二	安装拆除			
2	配电装置			
2.2	屋外配电装置			
CQ2-208	避雷器拆除　氧化锌式　电压（kV）110	组 / 三相	1	
CQ3-34	引下线、跳线及设备连引线拆除 35～220kV （截面 mm² 以下）600	组 / 三相	1	

11.4　A8-4 更换 220kV 避雷器

11.4.1　典型方案主要内容

本典型方案为 1 组 220kV 避雷器（三相为 1 组）更换。内容包括：一次引线拆除、制作与安装；避雷器拆除、安装；避雷器基础拆除、安装；避雷器调试。

11.4.2　典型方案主要技术条件

典型方案 A8-4 主要技术条件见表 11-25。

表 11-25　　　　　　　　　**典型方案 A8-4 主要技术条件**

方案名称	工程主要技术条件	
	结构型式	金属氧化物
	额定电压 kV	204
更换 220kV 避雷器	雷电冲击残压（峰值）（kV）	532
	是否带间隙	不带间隙
	绝缘介质	瓷
	安装场所	户外

11.4.3　典型方案概算书

概算投资为总投资，编制依据按 3.2 要求。典型方案 A8-4 概算书包括总概算汇总表、安装工程专业汇总表、建筑工程专业汇总表、拆除工程专业汇总表、其他费用概算表，分别见表 11-26～表 11-30。

表 11-26　　　　　　典型方案 A8-4 总概算汇总表　　　　　　金额单位：万元

序号	工程或费用名称	金额	占工程总投资的比例（%）
一	建筑工程费	1.32	25.61
二	安装工程费	0.92	17.86
三	拆除工程费	0.37	7.17
四	设备购置费	1.89	36.49
五	其中：编制基准期价差	0.04	0.86
	小计	4.51	87.14
六	其他费用	0.67	12.86
七	基本预备费		
八	工程静态投资合计	5.17	100.00
九	可抵扣增值税金额		

表 11-27　　　　　　典型方案 A8-4 安装工程专业汇总表　　　　　　金额单位：元

序号	工程或费用名称	安装工程费			设备购置费	合计
		主要材料费	安装费	小计		
一	安装工程	2005	7235	9240	18878	28118
二	配电装置	2005	5114	7119	18878	25998
2	屋外配电装置	2005	5114	7119	18878	25998
2.1	220kV 配电装置	2005	5114	7119	18878	25998
九	调试		2120	2120		2120
3	特殊调试		2120	2120		2120
	其中：编制基准期价差		183	183		183
	合计	2005	7235	9240	18878	28118

表 11-28　　　　　　典型方案 A8-4 建筑工程专业汇总表　　　　　　金额单位：元

序号	工程或费用名称	设备费	主要材料费	建筑费	建筑工程费合计
一	建筑工程		8468	4781	13249
二	主变压器及配电装置建筑		8468	4781	13249
2	220kV 构架及设备基础		8468	4781	13249
2.2	设备支架及基础		8468	4781	13249
	其中：编制基准期价差		3	126	130
	合计		8468	4781	13249

表 11-29　　　　　　　典型方案 A8-4 拆除工程专业汇总表　　　　金额单位：元

序号	工程或费用名称	拆除工程费
	拆除工程	3710
一	建筑拆除	2846
2	主变压器及配电装置建筑	2846
2.2	220kV 构架及设备基础	2846
二	安装拆除	864
2	配电装置	864
2.2	屋外配电装置	864
	其中： 编制基准期价差	132
	合计	3710

表 11-30　　　　　　　　典型方案 A8-4 其他费用概算表　　　　金额单位：元

序号	工程或费用名称	编制依据及计算说明	合价
2	项目管理费		2451
2.1	管理经费	（建筑工程费＋安装工程费）×3.5%	787
2.2	招标费	（建筑工程费＋安装工程费＋拆除工程费）×1.85%	485
2.3	工程监理费	（建筑工程费＋安装工程费＋拆除工程费）×4.5%	1179
3	项目技术服务费		4202
3.1	前期工作及评审费	（建筑工程费＋安装工程费）×2.75%	618
3.2	工程勘察设计费		3417
3.2.2	设计费	设计费×100%	3417
3.3	初步设计文件评审费	基本设计费×3.5%	101
3.4	工程结算编制审查费	（建筑工程费＋安装工程费＋拆除工程费）×0.25%	65
	小计		6653

11.4.4　典型方案电气设备材料表

典型方案 A8-4 电气设备材料表见表 11-31。

表 11-31　　　　　　　　　典型方案 A8-4 电气设备材料表

序号	设备或材料名称	单位	数量	备注
	安装工程			
二	配电装置			
2	屋外配电装置			
2.1	220kV 配电装置			
500027164	交流避雷器，AC220kV，204kV， 瓷， 532kV，不带间隙	台	3	
100000003	220kV 软导线引下线	组（三相）	1	

11.4.5 典型方案工程量表

典型方案 A8-4 工程量见表 11-32。

表 11-32 **典型方案 A8-4 工程量表**

序号	项目名称	单位	数量	备注
	建筑工程			
二	主变压器及配电装置建筑			
2	220kV 构架及设备基础			
2.2	设备支架及基础			
GJ2-8	独立基础 钢筋混凝土基础	m³	4.500	
GJ7-11	普通钢筋	t	0.045	
GJ9-18	不含土方、基础、支架 钢管设备支架	t	0.750	
	地脚螺栓	t	0.135	
	安装工程			
二	配电装置			
2	屋外配电装置			
2.1	220kV 配电装置			
GQ2-200	避雷器安装 氧化锌式 电压（kV）220	组／三相	1	
九	调试			
3	特殊调试			
JS3-38	金属氧化物避雷器持续电流测量 220kV	组	1	
	拆除工程			
一	建筑拆除			
2	主变压器及配电装置建筑			
2.2	220kV 构架及设备基础			
调 GJ1-6 R×20 C×20 J×20	机械施工土方 土方运距 每增加 1km	m³	9	
YJ21-9	拆除钢筋混凝土 基础	m³	4.500	
二	安装拆除			
2	配电装置			
2.2	屋外配电装置			
CQ2-209	避雷器拆除 氧化锌式 电压（kV）220	组／三相	1	
CQ3-34	引下线、跳线及设备连引线拆除 35～220kV（截面 mm² 以下）600	组／三相	1	

11.5 A8-5 更换 500kV 避雷器

11.5.1 典型方案主要内容

本典型方案为 1 组 500kV 避雷器（三相为 1 组）更换。内容包括：一次引线拆除、制作与安装；避雷器拆除、安装；避雷器基础拆除、安装；避雷器调试。

11.5.2 典型方案主要技术条件

典型方案 A8-5 主要技术条件见表 11-33。

表 11-33 典型方案 A8-5 主要技术条件

方案名称	工程主要技术条件	
更换 500kV 避雷器	结构型式	金属氧化物
	额定电压 kV	420
	雷电冲击残压（峰值）（kV）	1046
	是否带间隙	不带间隙
	绝缘介质	瓷
	安装场所	户外

11.5.3 典型方案概算书

概算投资为总投资，编制依据按 3.2 要求。典型方案 A8-5 概算书包括总概算汇总表、安装工程专业汇总表、建筑工程专业汇总表、拆除工程专业汇总表、其他费用概算表，分别见表 11-34～表 11-38。

表 11-34 典型方案 A8-5 总概算汇总表 金额单位：万元

序号	工程或费用名称	金额	占工程总投资的比例（%）
一	建筑工程费	1.47	5.62
二	安装工程费	2.68	10.25
三	拆除工程费	0.94	3.62
四	设备购置费	18.52	70.86
五	其中：编制基准期价差	0.09	0.34
	小计	23.61	90.35
六	其他费用	2.52	9.65
七	基本预备费		
八	工程静态投资合计	26.13	100.00
九	可抵扣增值税金额		

表 11-35 　　　　　　**典型方案 A8-5 安装工程专业汇总表** 　　　　金额单位：元

序号	工程或费用名称	安装工程费			设备购置费	合计
		主要材料费	安装费	小计		
	安装工程	9787	17009	26796	185187	211983
二	配电装置	9787	13669	23456	185187	208644
2	屋外配电装置	9787	13669	23456	185187	208644
2.1	500kV 配电装置	9787	13669	23456	185187	208644
九	调试		3340	3340		3340
3	特殊调试		3340	3340		3340
	其中：编制基准期价差		390	390		390
	合计	9787	17009	26796	185187	211983

表 11-36 　　　　　　**典型方案 A8-5 建筑工程专业汇总表** 　　　　金额单位：元

序号	工程或费用名称	设备费	主要材料费	建筑费	建筑工程费合计
	建筑工程		8972	5706	14678
二	主变压器及配电装置建筑		8972	5706	14678
2	500kV 构架及设备基础		8972	5706	14678
2.2	设备支架及基础		8972	5706	14678
	其中：编制基准期价差		8	175	183
	合计		8972	5706	14678

表 11-37 　　　　　　**典型方案 A8-5 拆除工程专业汇总表** 　　　　金额单位：元

序号	工程或费用名称	拆除工程费
	拆除工程	9449
一	建筑拆除	6983
2	主变压器及配电装置建筑	6983
2.2	500kV 构架及设备基础	6983
二	安装拆除	2466
2	配电装置	2466
2.2	屋外配电装置	2466
	其中：编制基准期价差	322
	合计	9449

表 11-38 　　　　　　**典型方案 A8-5 其他费用概算表** 　　　　金额单位：元

序号	工程或费用名称	编制依据及计算说明	合价
2	项目管理费		4685
2.1	管理经费	（建筑工程费＋安装工程费）×3.5%	1452
2.2	招标费	（建筑工程费＋安装工程费＋拆除工程费）×1.85%	942

续表

序号	工程或费用名称	编制依据及计算说明	合价
2.3	工程监理费	（建筑工程费＋安装工程费＋拆除工程费）×4.5%	2292
3	项目技术服务费		20545
3.1	前期工作及评审费	（建筑工程费＋安装工程费）×2.75%	1141
3.2	工程勘察设计费		18722
3.2.2	设计费	设计费×100%	18722
3.3	初步设计文件评审费	基本设计费×3.5%	555
3.4	工程结算编制审查费	（建筑工程费＋安装工程费＋拆除工程费）×0.25%	127
	小计		25231

11.5.4 典型方案电气设备材料表

典型方案 A8-5 电气设备材料表见表 11-39。

表 11-39   **典型方案 A8-5 电气设备材料表**

序号	设备或材料名称	单位	数量	备注
	安装工程			
二	配电装置			
2	屋外配电装置			
2.1	500kV 配电装置			
500117716	交流避雷器，AC500kV，420kV，1046kV，不带间隙	台	3	
100000004	500kV 软导线引下线	组（三相）	1	

11.5.5 典型方案工程量表

典型方案 A8-5 工程量见表 11-40。

表 11-40   **典型方案 A8-5 工程量表**

序号	项目名称	单位	数量	备注
	建筑工程			
二	主变压器及配电装置建筑			
2	500kV 构架及设备基础			
2.2	设备支架及基础			
GJ2-8	独立基础 钢筋混凝土基础	m³	11.040	
GJ7-11	普通钢筋	t	0.020	
GJ9-18	不含土方、基础、支架 钢管设备支架	t	0.511	
	地脚螺栓	t	0.045	
	安装工程			

序号	项目名称	单位	数量	备注
二	配电装置			
2	屋外配电装置			
2.1	500kV 配电装置			
GQ2-202	避雷器安装　氧化锌式　电压（kV）500	组／三相	1	
九	调试			
3	特殊调试			
JS3-40	金属氧化物避雷器持续电流测量 500kV	组	1	
	拆除工程			
一	建筑拆除			
2	主变压器及配电装置建筑			
2.2	500kV 构架及设备基础			
调 GJ1-6 R×20 C×20 J×20	机械施工土方　土方运距　每增加 1km	m³	22.080	
YJ21-9	拆除钢筋混凝土　基础	m³	11.040	
二	安装拆除			
2	配电装置			
2.2	屋外配电装置			
CQ2-211	避雷器拆除　氧化锌式 电压（kV）500	组／三相	1	
CQ3-40	引下线、跳线及设备连引线拆除 330～500kV （截面 mm² 以下）2×1440	组／三相	1	

第三篇 使 用 说 明

第 12 章 典型造价使用说明

12.1 典型造价应用范围

变电专业典型造价主要应用于电网生产技术改造工程估（概）算编制与审核工作，指导编制单位编制电网生产技术改造工程估（概）算，审核单位对此审核实际工程费用，分析费用差异原因。

12.2 典型造价应用方法

第一步：分析实际工程的主要技术条件和工程参数；

第二步：根据实际工程的主要技术条件和工程参数，从典型方案库中选择对应方案；若典型方案库中无实际工程的技术条件，则采用类似技术条件的典型方案；

第三步：按照实际工程的工程参数，选择单个方案或多个方案进行拼接：

（1）更换单一构件：

1）选择方案：选取单个方案，并根据实际工程的情况，乘以构件数量，将工程量累加，得到拟编制工程的工程量。

2）取费及价格水平调整：按照当地取费要求、材机调价水平要求对方案进行调整。

3）工程量调整：根据实际工程与典型方案的差异，对工程量和物料进行调整，得出本体费用。

4）其他费用调整：根据实际工程所在区域调整典型方案中可调整的其他费用项，《预规》中规定的其他费用项计算标准不变，依此标准重新计算实际工程的其他费用。

（2）更换组合构件：

1）选择方案：选取多个方案，并根据实际工程的情况，每个方案乘以对应的构件数量，然后将各方案的工程量进行累加，拼接后得到拟编制工程的工程量。

2）取费及价格水平调整：按照当地取费要求、材机调价水平要求对方案进行调整。

3）工程量调整：根据实际工程与典型方案的差异，对工程量和物料进行调整，得出本体费用。

4）其他费用调整：根据实际工程所在区域调整典型方案中可调整的其他费用项，《预规》中规定的其他费用项计算标准不变，依此标准重新计算实际工程的其他费用。

第四步：得到实际工程的造价，并得出实际工程与典型方案的差异。

附录A 建筑、安装、拆除工程取费基数及费率一览表

变电建筑、安装、拆除工程费取费基数及费率见附表A。

附表A   建筑、安装、拆除工程费取费基数及费率一览表

项目名称			取费基数	费率（%）			
				建筑工程	安装工程	建筑拆除	安装拆除
直接费	措施费	冬雨季施工增加费	人工费	6.02	8.84	6.27	3.58
		夜间施工增加费		1.06	4.34	—	—
		施工工具用具使用费		4.66	6.75	10.89	3.28
		施工机构转移费 35kV		2.36	11.49	—	—
		66kV		2.36	11.49	—	—
		110kV		2.36	11.49	—	—
		220kV		2.32	10.95	—	—
		330kV		2.15	9.66	—	—
		500kV		2.10	8.79	—	—
		750kV		1.93	8.24	—	—
		1000kV		1.91	7.82	—	—
		临时设施费		18.87	14.48	26.06	10.43
		安全文明施工费		23.00	15.16	25.64	14.22
		多次进场增加费		2.27	2.41	—	—
间接费	规费	社会保险费		32.2	32.2	32.2	32.2
		住房公积金		12	12	12	12
		危险作业意外伤害保险费		1.52	2.3	1.12	2.28
	企业管理费			68.93	56.83	79.19	39.9
利润				29.7	15.5	16.8	11.4
税金			直接费+间接费+利润	11	11	11	11

注   "夜间施工增加费"设备安装工程可按工程实际计取。

附录B 其他费用取费基数及费率一览表

其他费用取费基数及费率见附表B。

附表B　　　　　　　　　　其他费用取费基数及费率一览表

序号	工程或费用名称	取费基数、计算方法或依据	费率（%）	备注
1	建设场地租用及清理费			
1.1	场地租用、清理及赔偿费			不计列
1.2	线路施工赔偿费			不计列
1.3	拆除物返库运输费			未计列
2	项目管理费			
2.1	管理经费	建筑工程费＋安装工程费	3.5	
2.2	招标费	建筑工程费＋安装工程费＋拆除工程费甲方付费	1.85	
2.3	工程监理费	建筑工程费＋安装工程费＋拆除工程费	4.5	
2.4	设备监造费	设备购置费（只计主变压器和GIS）	0.8	220kV按0.8计取；500kV按0.5计取；
3	项目技术服务费			
3.1	前期工作及评审费	建筑工程费＋安装工程费	2.75	
3.2	工程勘察设计费			
3.2.1	勘察费			
3.2.2	设计费	按《预规》规定计列		
3.3	初步设计文件评审费	基本设计费	3.5	
3.4	工程结算编制审查费	建筑工程费＋安装工程费＋拆除工程费	0.25	
3.5	项目后评价费	建筑工程费＋安装工程费＋拆除工程费		不计列
3.6	技术经济标准编制管理费	建筑工程费＋安装工程费＋拆除工程费		不计列
4	新技术应用研究测试费			不计列
4.1	新技术应用研究试验费			不计列
4.2	新技术项目性能测试费			不计列

注　"招标费、初步设计文件评审费、工程结算编制审查费"可按工程实际计取。

附录 C　主要电气设备价格一览表

主要电气设备价格一览见附表 C。

附表 C　　　　　　　　　　　　主要电气设备价格一览表　　　　　　　　　金额单位：元

序号	编号	设备名称	单位	市场价不含税	市场价含税	价格来源
一		主变压器系统				
1	500004766	35kV 油浸有载变压器，10MVA，35/10，一体	台	341933	400062	国网 2016 年第四季度信息价
2	500031223	66kV 油浸有载变压器，40MVA，66/10，一体	台	1146181	1341032	国网 2016 年第四季度信息价
3	500001164	110kV 油浸有载变压器，50MVA，110/10，一体	台	1320639	1545148	国网 2016 年第四季度信息价
4	500001148	110kV 油浸有载变压器，50MVA，110/35/10，一体	台	1577070	1845172	国网 2016 年第四季度信息价
5	500000791	220kV 三相油浸有载变压器，180MVA，220/110/35，一体	台	3846991	4500980	国网 2016 年第四季度信息价
6	500000797	220kV 三相油浸有载变压器，240MVA，220/110/35，一体	台	4705000	5504850	国网 2016 年第四季度信息价
7	500037784	500kV 单相油浸有载变压器，250MVA，500/220/35，一体	台	6794872	7950000	国网 2016 年第一季度信息价
8	500070598	110kV 交流中性点成套装置，硅橡胶，72.5kV，无绝缘子，有避雷器，户外	套	21220	24827	2016 年中标平均价
9	500070607	220kV 交流中性点成套装置，硅橡胶，126kV，无绝缘子，有避雷器，户外	套	29776	34838	2016 年中标平均价
10	500068515	中性点避雷器，72kV，硅橡胶，186kV，不带间隙	台	2359	2760	2016 年中标平均价
11	500089405	消弧线圈接地变成套装置，AC10kV，1200kVA，干式，165A，调匝	套	244066	285558	国网 2016 年第三季度信息价
二		配电装置				
1	500004120	35kV 三相隔离开关，2500A，31.5kA，手动双柱水平旋转，双接地	组	18744	21931	国网 2016 年第四季度信息价

续表

序号	编号	设备名称	单位	市场价不含税	市场价含税	价格来源
2	500038616	66kV 三相隔离开关，1250A，31.5kA，电动双柱水平旋转，单接地	组	22065	25817	国网 2016 年第四季度信息价
3	500003852	110kV 三相隔离开关，2000A，40kA，手动双柱水平旋转，单接地	组	17308	20251	2016 年中标平均价
4	500001458	220kV 三相隔离开关，3150A，50kA，电动三柱水平旋转，单接地	组	58847	68852	国网 2016 年第四季度信息价
5	500004080	220kV 三相隔离开关，3150A，50kA，电动三柱水平旋转，双接地	组	65059	76120	国网 2016 年第四季度信息价
6	500001457	220kV 三相隔离开关，3150A，50kA，电动三柱水平旋转，不接地	组	61740	72236	国网 2016 年第四季度信息价
7	500001319	220kV 三相隔离开关，2500A，50kA，电动双柱水平旋转，不接地	组	41882	49003	国网 2016 年第四季度信息价
8	500001320	220kV 三相隔离开关，2500A，50kA，电动双柱水平旋转，单接地	组	41978	49115	国网 2016 年第四季度信息价
9	500001318	220kV 三相隔离开关，2500A，50kA，电动双柱水平旋转，双接地	组	55555	65000	2016 年中标平均价
10	500001232	220kV 三相隔离开关，3150A，50kA，电动单臂垂直伸缩，不接地	组	38423	44956	国网 2016 年第四季度信息价
11	500001522	500kV 三相隔离开关，4000A，63kA，电动单臂垂直伸缩，单接地	组	121709	142400	国网 2016 年第四季度信息价
12	500001538	500kV 三相隔离开关，4000A，63kA，电动双柱水平伸缩，单接地	组	157952	184805	国网 2016 年第四季度信息价
13	500002125	66kVSF$_6$ 瓷柱式断路器，2500A，31.5kA，三相机械联动，户外	台	82905	97000	国网 2016 年第四季度信息价
14	500001131	110kVSF$_6$ 瓷柱式断路器，3150A，40kA，三相机械联动，户外	台	129346	151335	国网 2016 年第四季度信息价

续表

序号	编号	设备名称	单位	市场价 不含税	市场价含税	价格来源
15	500002128	220kVSF$_6$瓷柱式断路器，4000A，50kA，分相操作，户外	台	242285	283474	2016年中标平均价
16	500002133	500kVSF$_6$瓷柱式断路器，4000A，63kA，分相操作，户外	台	615400	720018	国网2016年第四季度信息价
17	500000811	500kVSF$_6$罐式断路器，4000A，63kA，分相操作，户外，液压	台	1792521	2097250	国网2016年第四季度信息价
18	500061510	66kV 油浸电磁 TA，2×300/5，0.5，5P，4，50，正立	台	8639	10108	国网2016年第四季度信息价
19	500034078	110kV 油浸电磁 TA，2×600/5，0.5，10P，5，40，正立	台	9135	10689	国网2016年第四季度信息价
20	500034009	220kV 油浸电磁 TA，2×800/5，0.5，10P，6，50，正立	台	25064	29326	国网2016年第四季度信息价
21	500066594	500kV 油浸电磁 TA，2×1250/1，0.5，TPY，8，10，倒立	台	147941	173091	国网2016年第四季度信息价
22	500074443	电容式电压互感器，AC66kV，油浸，0.02μF，4，0.5	台	23929	27998	国网2016年第四季度信息价
23	500050068	电容式电压互感器，AC110kV，油浸，0.02μF，4，0.5	台	15505	18141	国网2016年第四季度信息价
24	500005258	电容式电压互感器，AC220kV，油浸，0.005μF，4，0.5	台	14233	16653	国网2016年第四季度信息价
25	500005901	电容式电压互感器，AC500kV，油浸，0.005μF，4，0.2	台	70512	82500	国网2016年第四季度信息价
26	500004651	交流避雷器，AC35kV，51kV，硅橡胶，134kV，不带间隙	台	3931	4600	国网2016年第四季度信息价
27	500031357	交流避雷器，AC66kV，96kV，硅橡胶，250kV，不带间隙	台	4700	5499	国网2016年第四季度信息价

序号	编号	设备名称	单位	市场价 不含税	市场价含税	价格来源
28	500027154	交流避雷器，AC110kV，102kV，硅橡胶，266kV，不带间隙	台	5020	5874	国网 2016 年第四季度信息价
29	500027164	交流避雷器，AC220kV，204kV，瓷，532kV，不带间隙	台	5341	6249	国网 2016 年第四季度信息价
30	500117716	交流避雷器，AC500kV，420kV，硅橡胶，1046kV，不带间隙	组	52393	61300	国网 2016 年第四季度信息价

附录 D　主要电气材料价格一览表

主要电气材料价格一览见附表 D。

附表 D　　　　**主要电气材料价格一览表**　　　　金额单位：元

序号	编号	设备名称	单位	市场价不含税	市场价含税	价格来源
一		控制电缆				
1	100000010	35kV 变电站控制电缆	km	14000	16240	装置性综合价 2013
2	100000011	66kV 变电站控制电缆	km	13865	16083	装置性综合价 2013
3	100000012	110kV 变电站控制电缆	km	14184	16453	装置性综合价 2013
4	100000013	220kV 变电站控制电缆	km	15728	18245	装置性综合价 2013
5	100000014	500kV 变电站控制电缆	km	19078	22131	装置性综合价 2013
二		电力电缆				
1	100000009	500kV 变电站电力电缆	km	38938	45168	装置性综合价 2013
三		计算机监控系统				
1	900000001	计算机监控系统扩容	项		10000	

附录 E 建筑材料价格一览表

建筑材料价格一览见附表 E。

附表 E		建筑材料价格一览表				金额单位：元
序号	编号	材料名称	单位	市场价不含税	市场价含税	价格来源
一		混凝土				
1	C09032034	现浇混凝土 C25-40 集中搅拌	m³	325.68	947.43	
2	C09032033	现浇混凝土 C20-40 集中搅拌	m³	312.26	942.85	
3	C09032012	现浇混凝土 C20-20 集中搅拌	m³	319.89	936.43	
4	C09032031	现浇混凝土 C10-40 集中搅拌	m³	286.81	968.6	
5	C09021701	素水泥浆	m³	434.951	508.893	《北京工程造价信息》（月刊〔总第199 期〕）
6	C09020305	水泥砂浆 1：3	m³	328.14	1835.78	
7	C09020304	水泥砂浆 1：2.5	m³	340.92	1639.82	
8	C10020802	卵石（滤油）	m³	134	296.8	
二		钢材				
1	C01020712	圆钢 φ10 以外	kg	3.925	4.592	
2	C01020713	圆钢 φ10 以内	kg	3.925	4.592	
3	C01020702	铁件型钢	kg	3.53	4.13	
4	C01020701	铁件钢筋	kg	3.53	4.13	

参 考 文 献

[1] 国家能源局. 电网技术改造工程预算编制与计算规定（2015 年版）. 北京：中国电力出版社，2015.

[2] 国家能源局. 电网检修工程预算编制与计算规定（2015 年版）. 北京：中国电力出版社，2015.

[3] 电力工程造价与定额管理总站. 电网技术改造工程概算定额估价表（2015 年版）. 北京：中国电力出版社，2015.

[4] 电力工程造价与定额管理总站. 电网技术改造工程预算定额估价表（2015 年版）. 北京：中国电力出版社，2015.

[5] 国家能源局. 电网技术改造工程概算定额（2015 年版）. 北京：中国电力出版社，2015.

[6] 国家能源局. 电网技术改造工程预算定额（2015 年版）. 北京：中国电力出版社，2015.

[7] 国家能源局. 电网拆除工程预算定额（2015 年版）. 北京：中国电力出版社，2015.

[8] 国家能源局. 电网拆除工程预算定额估价表（2015 年版）. 北京：中国电力出版社，2015.

[9] 国家能源局. 电力建设工程装置性材料综合预算价格（2013 年版）. 北京：中国电力出版社，2015.

[10] 《北京工程造价信息》[月刊（第 199 期）].

[11] 《国家电网公司 2016 年第四季度电网工程设备材料信息价》（总十八期）.

[12] 《关于发布 2015 版电网技术改造和检修工程概预算定额 2016 年下半年价格水平调整系数的通知》（定额〔2016〕52 号）.

[13] 《电力工程造价与定额管理总站关于发布电力工程计价依据营业税改增值税估价表通知》（定额〔2016〕45 号）.

[14] GB 50059—2011 35kV～110kV 变电站设计规范.

[15] GB 50010—2010 混凝土结构设计规范.

[16] GB 50017—2003 钢结构设计规范.

[17] 《国家电网公司输变电工程典型设计（2011 年版）》.

[18] Q/GDW 433—2010 输变电工程造价分析内容深度规定.

[19] Q/GDW 203—2008 110kV 变电站通用设计规范.

[20] Q/GDW 204—2008 220kV 变电站通用设计规范.

[21] Q/GDW 342—2009 500kV 变电站通用设计.

[22] DL/T 1512—2016 变电站测控装置技术规范.

[23] DL/T 5218—2012 220kV～750kV 变电站设计技术规程.

[24] DL/T 5452—2012 变电工程初步设计内容深度规定.

[25] GB 50059—2011 35kV～110kV 变电站设计规范.

[26] Q/GDW 11337—2014 输变电工程工程量清单计价规范.

[27] DL/T 5469—2013 输变电工程可行性研究投资估算编制导则.